Coleção Segredos da Mente Milionária

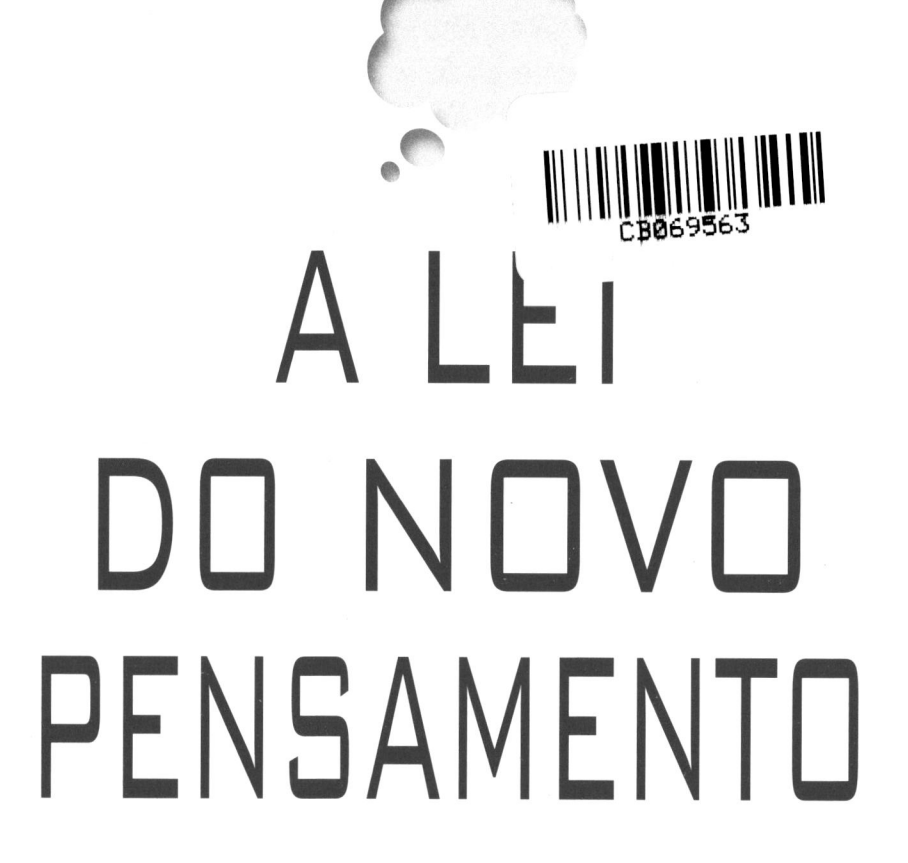

A LEI DO NOVO PENSAMENTO

*A construção mental e o princípio
da lei da atração*

WILLIAM WALKER ATKINSON

Coleção Segredos da Mente Milionária

A LEI DO NOVO PENSAMENTO

A construção mental e o princípio da lei da atração

Tradução
Cecilia Padovani

Principis

Esta é uma publicação Principis, selo exclusivo da Ciranda Cultural
© 2021 Ciranda Cultural Editora e Distribuidora Ltda.

Traduzido do original em inglês
The law of the new thought

Texto
William Walker Atkinson

Tradução
Cecilia Padovani

Preparação
Vera Siqueira

Produção editorial
Ciranda Cultural

Revisão
Agnaldo Alves

Diagramação
Linea Editora

Design de capa
Ana Dobón

Dados Internacionais de Catalogação na Publicação (CIP) de acordo com ISBD

A875l   Atkinson, William Walker
            A lei do novo pensamento: a construção mental e o princípio da lei da atração / William Walker Atkinson ; traduzido por Cecilia Padovani. – Jandira, SP : Principis, 2021.
            128 p. ; 15,5cm x 22,6cm. - (Segredos da mente milionária)

          Tradução de: The law of the new thought
          ISBN: 978-65-5552-543-4

            1. Autoajuda. 2. Pensamento. 3. Mente. 4. Consciência. 5. Literatura americana. I. Padovani, Cecilia. II. Título. III. Série.

2021-2058   CDD 158.1
                                                                         CDU 159.947

Elaborado por Vagner Rodolfo da Silva - CRB-8/9410

Índice para catálogo sistemático:
1. Autoajuda 158.1
2. Autoajuda 159.947

1ª edição em 2021
www.cirandacultural.com.br
Todos os direitos reservados.
Nenhuma parte desta publicação pode ser reproduzida, arquivada em sistema de busca ou transmitida por qualquer meio, seja ele eletrônico, fotocópia, gravação ou outros, sem prévia autorização do detentor dos direitos, e não pode circular encadernada ou encapada de maneira distinta daquela em que foi publicada, ou sem que as mesmas condições sejam impostas aos compradores subsequentes.

Oh, não deixe a chama morrer! Foi acalentada ano após ano na escuridão das cavernas, em seus estimados templos sagrados. Alimentada por ministros puros de tanto amor... não permita que a chama se apague!

Edward Carpenter

Sumário

O que é o "novo pensamento"?...9

"Pensamentos são coisas"..23

A lei da atração..29

Construção mental...35

O habitante do umbral..41

Mente e corpo...48

A mente e seus planos...54

O plano subconsciente..61

As faculdades do superconsciente..69

A questão da alma..78

O Absoluto...82

A unicidade de tudo..96

A imortalidade da alma... 103

O desdobramento... 110

A evolução da consciência 116

O despertar da alma.. 122

O QUE É O "NOVO PENSAMENTO"?

A pergunta difícil de ser respondida – O "novo pensamento" é o pensamento mais antigo – Conhecido por poucos de todas as idades – Encontrado no coração de todas as religiões e filosofias – Nas canções dos poetas e nos textos dos místicos – A chama mantida acesa por longas décadas – Para aclarar palavras duras e lugares obscuros – O primeiro brilho de reconhecimento – Uma grande onda de análise psíquica em voga pelo mundo – O que o "novo pensamento" representa – Sem credos ou dogmas – Individualismo – O poder supremo – Desabrochar espiritual – O amor e a presença de Deus – Todos são um – O que a ideia de unidade significa – A imortalidade humana – A garantia da imortalidade a partir do despertar da consciência espiritual – Teorias não fundamentais – Desdobramentos espirituais – Pensamentos são coisas – A força de atração do pensamento – A mente tem efeito positivo sobre o corpo – Forças latentes a serem desenvolvidas.

Com que frequência escutamos a pergunta: "O que é o 'novo pensamento'?" Como é difícil respondê-la. O assunto é tão amplo, e um homem ou uma mulher evoluiu em seu conhecimento de maneira tão gradual que acha quase impossível explicar em poucas palavras o significado do termo.

Torna-se particularmente complexo pelo fato de não haver credos no "novo pensamento". Há muitos cultos e escolas reivindicando fidelidade a ele, por diferir materialmente de quaisquer outros em doutrina e em detalhes, mas há certos princípios subjacentes aos quais todos dão cumprimento, embora declarando-os de maneiras diferentes e utilizando aparentemente termos contraditórios.

A resposta à pergunta que dá título a este capítulo não é tarefa fácil, mas vejamos o que podemos fazer. Primeiramente, o "novo pensamento" é o pensamento mais antigo existente. Tem sido agraciado a poucos escolhidos, de todas as idades, já que a maior parte das pessoas ainda não está preparada para seus ensinamentos.

Foi chamado de nomes diversos e apareceu sob todos os disfarces. Cada religião tem dentro de si certos ensinamentos esotéricos, não captados por todos, mas compreendidos por alguns. Tais lições ocultas contêm muito do que agora está sendo ensinado como "novo pensamento".

O "novo pensamento" contém certas pistas de verdades poderosas que se aninharam no seio dos ensinamentos esotéricos de todas as religiões, nas filosofias do passado e do presente, na cultura dos templos do Oriente, nas escolas da Grécia Antiga.

Pode ser encontrado nas canções dos poetas, nos textos dos místicos. A ciência avançada dessa década toca-o sem o reconhecer plenamente[1].

Não é algo que possa ser bem transmitido por palavras, não é facilmente compreensível por processos puramente intelectuais. Deve ser "sentido" e vivido por quem estiver preparado para tal, aqueles para os quais chegou o momento.

Tem chegado ao conhecimento de alguns ao longo de todas as idades e climas. Toda a raça humana já o experimentou. Foi transmitido de mestre a discípulo desde os tempos primitivos.

---

[1] Este livro foi publicado pela primeira vez em 1902. (N.T.)

Contém a verdade a que Edward Carpenter se refere, quando canta:

Oh, não deixe a chama morrer! Foi acalentada ano após ano na escuridão das cavernas, em seus estimados templos sagrados. Alimentada por ministros puros de tanto amor... não permita que a chama se apague!

A chama tem sido ternamente cuidada ao longo dos tempos. Muitas lamparinas foram acesas no santuário, e com elas foi levada uma porção do fogo sagrado. Os poucos de todas as épocas têm mantido a chama acesa adicionando o óleo do espírito, o qual provém dos recantos mais íntimos da alma.

Para proteger essa chama muitos sofreram mortes, perseguições, humilhações, desgraças...

Alguns têm sido coagidos a assumir um ar de mistério e charlatanismo, a fim de distrair a atenção das massas, e assim manter abrigada esta pequena porção da chama sagrada.

Antigos escritores colocaram cuidadosamente pedaços dessa verdade esotérica por entre textos de grande circulação, sabendo que somente os iniciados poderiam ler e que a grande maioria nem sequer desconfiaria da existência daquele grão de trigo por entre a palha.

O homem do "novo pensamento" avançado atual pode escolher os escritos de todas as idades, e verá verdades profundas apresentadas em linguagem perfeitamente clara para ele, mas que para o leitor comum nada mais são do que palavras.

Os livros sagrados de todas as religiões podem ser lidos por quem tiver a chave, e os filósofos gregos, de Platão em diante, assumem outro significado quando se compreendem os princípios subjacentes aos ensinamentos do esoterismo.

Os escritores modernos também podem ser lidos sob nova perspectiva, quando se tem uma compreensão maior do conteúdo subentendido. Shakespeare, Bacon, Pope, Browning, Emerson, Whitman e Carpenter têm muitos cantos obscuros e dizeres firmes que são iluminados e tornados claros quando se tem o domínio do pensamento central: a unicidade de todos.

Ao longo dos tempos, esta verdade chegou até nós, mas parece que foi nesta era que lhe coube ser difundida entre o povo. E, no entanto, para muitos a mensagem não tem grande apelo. Alguns compreendem parte das informações dispersas e pensam que entenderam tudo, mas não conseguem ver o real princípio por trás da unicidade. Outros rejeitam-na totalmente, não estando preparados. E há os que estão prontos, parecem captá-la instintivamente como se sempre dela soubessem; reconhecem por si mesmos o que estão recebendo.

O mero apelo à verdade parece despertar em alguns o primeiro brilho de reconhecimento em seu olhar; já outros acham necessário refletir sobre as ideias e o despertar para a verdade acontece mais vagarosamente.

Também ocorrem casos em que o tempo ainda não é adequado para o reconhecimento da grande revelação, mas a semente está plantada e nascerá a seu tempo.

O que lhes parece agora o mais sério disparate será acolhido como verdade no momento apropriado. Criou-se um desejo que causará agitação mental até que mais luz seja recebida.

Como o velho Walt Whitman[2] dizia: "As minhas palavras causarão comichão em seus ouvidos até que as compreenda".

E o grande transcendentalista[3] americano Emerson[4]: "Você não pode escapar do bem".

As pessoas que ainda não absorveram o conteúdo o levarão consigo até que, como a flor de lótus, desabroche gradual e naturalmente.

---

[2] Walt Whitman, poeta, ensaísta e jornalista norte-americano, é considerado por muitos como o "pai do verso livre" (1819-1892). (N.T.)

[3] Transcendentalismo é um movimento filosófico e poético desenvolvido na América do Norte nas primeiras décadas do século XIX. Parte da afirmação do transcendental *kantiano* como única realidade, ao mesmo tempo em que expressa uma reação ao racionalismo e uma exaltação ao indivíduo nas relações com a natureza e a sociedade. (N.T.)

[4] Ralph Waldo Emerson (1803-1882) foi um famoso escritor, filósofo e poeta estadunidense. (N.T.)

A LEI DO NOVO PENSAMENTO

A verdade, uma vez reconhecida, não pode ser perdida. Não há imobilidade na Natureza. É difícil transmitir essa verdade a qualquer um que não esteja preparado para recebê-la. Aos demais parecerá uma loucura errante.

Como bem disse Emerson: "Qualquer homem que falar daquela vida soará vaidoso àqueles que não compartilham dos mesmos pensamentos. Não ouso falar para essas pessoas. Meu discurso não teria sentido, seria insuficiente e frio. Só a própria verdade é capaz de inspirar a quem quiser... No entanto, desejo, através de palavras profanas, se as sagradas não posso usar, indicar o céu desta divindade, e relatar as sugestões que recolhi da simplicidade transcendente e da energia da Lei Suprema".

Então, "O que é o 'novo pensamento'?" Vejamos. Em primeiro lugar, é o nome pelo qual é mais conhecida aquela grande onda de espiritualidade e pensamento psíquico que passa pelo mundo, varrendo para longe dogmas antiquados, credos, materialismo, fanatismo, superstição, infidelidade, intolerância, perseguição, egoísmo, medo, ódio, tirania intelectual e despotismo, preconceito, mesquinhez, doença e talvez até a morte. É a onda que nos traz libertação, liberdade, autoajuda, amor fraternal, destemor, coragem, confiança, tolerância, avanço, desenvolvimento de poderes latentes, sucesso, saúde e vida. Representa tudo o que faz o homem ser melhor. Liberdade, independência, sucesso, saúde, felicidade. Traz o estandarte da tolerância, amplitude, fraternidade, amor, caridade e autoajuda. Ensina o homem a estar de pé sobre seus próprios pés. A trabalhar sua própria salvação. A desenvolver poderes adormecidos, afirmar sua verdadeira humanidade, a ser forte, misericordioso e gentil. Prega a doutrina do "Eu posso e eu vou", o evangelho do "Eu aceito". Exorta o homem a cessar seu lamento e reclamação, e insta-o a ficar ereto e fazer valer seu direito de viver e ser feliz. Ensina-o a ser corajoso, já que não há nada a temer.

Insta-o a abolir pensamentos temerosos e preocupações, e outros sentimentos negativos como raiva, ciúme, malícia, inveja e falta de caridade, que o mantinham na mira do desespero e do fracasso.

Fala disso e de muito mais.

O "novo pensamento" se estabelece como a doutrina da paternidade de Deus, a unidade de tudo, a fraternidade humana, a realeza do "eu".

O "novo pensamento" não tem credos ou dogmas. É composto por individualistas, cada qual com o direito reservado de olhar para as coisas com seus próprios olhos, para enxergar a verdade como ela se apresenta e interpretá-la à luz de sua razão, sua intuição e seu discernimento espiritual. Para se manifestar e se expressar à sua própria maneira.

Um homem assim não se importa com instituições, ele as encontra dentro daquilo que busca. Constrói seu pensamento e não reconhece nenhum homem ou nenhuma mulher como intérprete autorizado do que só pode ser decodificado por sua própria alma. As pessoas do "novo pensamento" diferem uma das outras sobre pontos menores, palavras e modo de expressão, mas na base de tudo se entendem, e uma análise mais detalhada mostra que todos estão firmes no tom maior da verdade fundamental.

Todos eles têm uma parte da verdade, mas ninguém a possui completamente. Cada qual trabalhando rumo ao centro à sua maneira, seguindo a própria jornada. E ainda assim, vistos de cima, são contemplados individualmente caminhando pela grande estrada rumo ao mesmo objetivo.

Tentarei lhe passar uma rápida visão a respeito do que julgo serem os princípios fundamentais que permeiam o que se chama de "novo pensamento", sem considerar as questões secundárias afetadas por muitos de nós. Minha explicação deve, por isso, ser grosseira e imperfeita, mas farei o melhor que puder para proporcionar ao menos uma declaração parcialmente clara de seu princípio fundamental.

Primeiramente, o "novo pensamento" ensina que há um poder supremo por trás, subjacente e dentro de todas as coisas. Essa força superior é infinita, ilimitável, eterna e imutável. É, sempre foi e será. É onipresente (presente em todos os lugares), onipotente (todo-poderoso, possuidor de todo o poder que existe) e onisciente (vê, sabe e está ciente de tudo).

Este supremo poder, presença universal, mente plena, pode ser chamado de mente, espírito, Lei, "o Absoluto", "Causa Primeira", Natureza, "Princípio Universal", Vida, ou qualquer nome que melhor se adapte ao gosto da pessoa que usar o termo. Chame como lhe aprouver, mas fará referência a este supremo poder, ao centro.

Pessoalmente prefiro a palavra Deus e, a partir de agora, a usarei neste livro, mas sempre que disser "Deus" considerem que me refiro a essa presença universal e não à concepção de um Deus limitado por qualquer homem.

Não me sinto satisfeito com qualquer conceito de Deus que o reduza sob qualquer aspecto. Para mim, Deus deve ser ilimitado e todo o Universo deve ser Sua representação. Não posso aceitar qualquer ideia parcial Dele. Para mim, Deus deve ser tudo.

E eu acho que uma pesquisa cuidadosa revelará o fato de que esse é um princípio fundamental subjacente ao "novo pensamento", lembrando sempre que as palavras não servem para nada, mas as ideias, para tudo.

O homem ou a mulher que afirma ter superado Deus e fala sobre Natureza, vida, lei, passa a sua concepção daquilo que, em minha consciência, é o que quero dizer quando me refiro a Deus.

O "novo pensamento" sustenta que o homem está desenvolvendo a consciência e que muitos já alcançaram esse estágio de espiritualidade por meio da qual percebem a existência e a imanência de Deus e, portanto, buscam o conhecimento em vez de uma crença embasada na autoridade, real ou presumida, de outros homens.

Essa consciência de Deus, para a qual a raça humana rapidamente se volta, é o resultado do desdobramento, do desenvolvimento e da evolução do homem por eras e, quando for totalmente absorvida pela raça humana, revolucionará por completo nossas atuais concepções de vida, ética, costumes, condições e economia.

O "novo pensamento" ensina que Deus não é um ser distante, repleto de ira e de punição, mas que está aqui conosco, ao nosso redor, até mesmo em nós, entendendo-nos desde o princípio, percebendo nossas limitações com amor e vendo pacientemente a evolução gradual que nos permite uma compreensão mais clara de Sua presença.

O "novo pensamento" desconhece a ira de Deus. Essa concepção é lançada à sombra pela visão deslumbrante e avassaladora de Seu amor.

Quanto à razão dos planos e das leis de Deus, o "novo pensamento" não pretende ter conhecimento, sustentando que este não pode ser conhecido pelo homem em seu atual estágio de adiantamento, embora pela razão e intuição ele esteja começando a entender que tudo é positivo, e a ter evidências de um amor bom, perfeito, justo e sábio, em todas as experiências da vida.

A posse dessa fé inteligente vem da consciência de Deus, firmada no conteúdo e na afirmação de que "Deus é e tudo está bem".

O "novo pensamento" ensina que "tudo é um", que todo o Universo, superior e inferior, desenvolvido ou não, manifestado ou não, é único. E tudo é uma emanação de Deus.

Isso leva à dedução de que tudo no Universo está em contato com todas as outras coisas, em conexão com o Centro, Deus. Afirma, com a ciência moderna, que cada átomo é uma parte de um todo-poderoso, e que nada pode acontecer a qualquer átomo sem um efeito correspondente sobre todas as outras partes do todo.

Atesta que a sensação de separação é uma ilusão da consciência não desenvolvida, uma etapa necessária para a elaboração do plano, ou como disse recentemente um escritor: "o sentido de separação é uma ficção de trabalho do Universo".

Quando o progresso espiritual de um homem ativa faculdades adormecidas e a consciência desenvolvida requer o conhecimento de certas potencialidades, cuja existência ele até então ignorava, essa pessoa torna-se consciente da unidade de tudo, e de sua relação com o todo.

Não se trata de mera concepção intelectual, mas do desenvolvimento de uma nova consciência. A pessoa que a possui, simplesmente "sabe". Quem não a tem, julga a ideia insana. O conhecimento cósmico vem a muitos como uma grande luz. A outros, é questão de evolução lenta e gradual.

Essa ideia da "unidade de tudo" explica muitos problemas que a humanidade tem considerado impossíveis de serem solucionados. Está no coração de todos os ensinamentos ocultos e esotéricos. E no centro dos pensamentos religiosos, embora escondido, até que se encontre a chave. É a chave que abre todas as portas. Explica todas as contradições e paradoxos. Conjuga as discrepâncias – todas as teorias opostas –, as visões diferentes sobre qualquer assunto. Tudo é um só. Nada pode ser excluído dessa unidade. Tudo está incluído. Nada pode escapar dessa unicidade, por mais que se tente.

A separação e o egoísmo são vistos como mero resultado da ignorância, da qual o homem está vagarosamente emergindo. Cada pessoa está fazendo o melhor que pode, em seu estágio particular de desenvolvimento.

E cada homem está crescendo, vagarosa mas seguramente. O pecado é somente a ignorância da verdade. O egoísmo e o senso de separação estão na raiz do que chamamos de "pecado". E, de acordo com a "lei", quando voluntariamente magoamos alguém, isso repercute em nós.

Pensamentos e atos maldosos e egoístas geram reações em nós mesmos. Não podemos machucar os outros sem nos ferirmos. Não é necessário que Deus nos puna; nós mesmos nos castigamos.

Quando a raça humana finalmente compreender e tiver consciência da unicidade e conhecimento da Lei, quando possuir a consciência das coisas como são, então a separação e o egoísmo serão afastados como um manto descartado, e aquilo que chamamos de pecado e de injustiça não mais existirão nesse mundo.

Quando a paternidade de Deus e a humanidade se tornarem realidade dentro da verdadeira consciência, em vez de lindos ideais acalentados com carinho, mas considerados impraticáveis e impossíveis de serem realizados, então a vida será o que se sonha através dos tempos.

Essa unicidade é uma das verdades fundamentais do "novo pensamento", embora muitos de seus seguidores pareçam ter uma concepção fraca do que realmente significa. Há uma evolução lenta rumo a uma compreensão do que isso significará para o mundo.

O "novo pensamento" ensina que o homem é imortal. Seus mestres diferem em suas teorias sobre como e onde ele viverá no futuro, e em tais especulações não pretendo me estender. Direi, entretanto, que quando o ser humano obtiver a maravilhosa garantia da imortalidade através do despertar de suas faculdades espirituais, ele não verá necessidade de se preocupar com o "como" nem com o "onde".

Ele saberá o que é e será. Terá consigo um sentido permanente de existência, de imortalidade, a tal ponto que todas as especulações humanas lhe parecerão teorias ociosas, úteis em seu lugar, sem dúvida, mas sem vital importância para ele.

Ele sabe que não há limites para as manifestações possíveis da vida, que "infinito mais infinito" não expressaria suas possibilidades, e não se preocupa. Aprende a viver o presente, pois sabe que agora já está na eternidade e sempre estará, e por isso segue vivendo.

Está preocupado com a vida, não com a morte, então vive. Tem confiança em Deus e em Seu plano divino e Seu conteúdo. Sabe que se todo nosso sistema solar e todos os outros sistemas solares visíveis ao homem forem dissolvidos a seus elementos originais, ele ainda assim existirá e estará presente no Universo.

Sabe que o Universo é grande e que ele é parte desse todo, e que não pode ser excluído ou banido desse contexto porque é um átomo importante. Sua destruição desarranjaria e destruiria o conjunto. Sabe que enquanto o Universo durar, ele estará presente também. Que se ele for destruído, o Universo também será.

Deus tem uma utilidade para ele ou não estaria ali. E Deus não erra ou muda de ideia. Também não destrói almas. O ser humano diz: "Sou filho de Deus. Não sei o que serei. Mas independentemente do que for, ainda serei um filho de Deus. Meu futuro não me preocupa, não é da minha conta. Colocarei na mão de meu pai e direi: Guia-me!".

Essa ideia da imortalidade da alma, de que o homem é um ser espiritual, é também um princípio fundamental do "novo pensamento", embora seus mestres tenham ideias diferentes acerca dos métodos e planos para a vida futura.

A LEI DO NOVO PENSAMENTO

A mim, pessoalmente, posso ver a vida como uma escala ascendente, elevando-se de baixo para cima, cada vez mais, até que minha visão espiritual falte. Acredito que no Universo haja seres muito inferiores a nós em escala espiritual e que também existam outros muito mais avançados, altamente desenvolvidos, bem melhores se comparados conosco e que estamos caminhando pela estrada até um dia chegarmos aonde atualmente eles se encontram.

Os que estão muito abaixo um dia chegarão aonde estamos atualmente, e assim por diante. Essa é tão somente minha visão finita de um tema infinito e eu não "conheço" tais assuntos tanto quanto domino o fato fundamental.

Essas visões particulares não são fundamentais, mas uma percepção difusa ajudada de certa forma por fontes externas, então não as aceite a menos que as sinta como verdadeiras para você, ou seja, forme seu próprio conceito, se preferir. Não fará diferença alguma frente ao princípio fundamental.

Se você tiver a consciência do princípio fundamental da imortalidade, então teorias, visões e conceitos não serão nada. Não se satisfaça com teorias, sejam minhas ou de outra pessoa. Não até que seus pés estejam firmemente sobre a rocha. Então, quando sentir a dureza da pedra a sustentar seu peso, poderá se divertir brincando de construir casas, as quais poderá demolir amanhã para edificar outras mais de acordo com seus ideais avançados. Mas a pedra estará ali o tempo todo, e você sobre ela.

O "novo pensamento" nos ensina que existe uma evolução espiritual que está crescendo, desenvolvendo-se e desdobrando-se na realização espiritual. Sua mente está trabalhando para revelar novas faculdades que o conduzirão a patamares mais altos de realização.

A razão superior está começando a se manifestar. Ensina que a raça humana está se aproximando do conhecimento cósmico. Mestres falam sobre essa verdade de diferentes formas, usando palavras variadas, mas a base é o princípio fundamental do "novo pensamento".

O "novo pensamento" ensina também que "pensamentos são coisas" e que cada um deles vai adiante, carregando consigo uma força que afeta os outros em maior ou menor grau, dependendo da força por trás de nosso pensamento, e a atitude mental das outras pessoas.

E ensina que "semelhante atrai semelhante" no mundo do pensamento, que o homem atrai para si pensamentos em harmonia com os seus, pessoas alinhadas com seus pensamentos. Sim, até mesmo coisas são influenciadas pelo pensamento em vários graus.

Diz que "como um homem pensa em seu coração, assim ele é", e que uma pessoa pode mudar, e com frequência muda todo seu caráter e natureza, através de uma alteração dos pensamentos, um ajuste em sua atitude mental.

Ensina que o medo e a preocupação e todo o resto de pensamentos negativos atraem pensamentos, pessoas, coisas do exterior, e puxam a pessoa para baixo até o nível de suas imagens mentais.

E, ao contrário, um homem pode, através do pensamento correto, erguer-se da lama, cercar-se de pessoas e coisas positivas, se pensar assim.

Também fala que os pensamentos se transformam em ações. E que a mente é positiva para o corpo. Uma pessoa pode ficar doente ou sadia, enferma ou livre da doença conforme sua atitude mental.

A mente humana possui forças latentes que repousam adormecidas aguardando o dia de sua libertação. Devem ser desenvolvidas, treinadas e utilizadas de uma forma sábia. O homem está na infância em relação ao uso apropriado de suas potencialidades mentais.

Aspectos como esses e similares, expressos de dezenas de formas, de acordo com os pontos de vista de cada mestre, são os princípios fundamentais do "novo pensamento".

Não posso fazer mais agora, a não ser mencionar tais coisas.

Nos capítulos seguintes tentarei me aprofundar um pouco mais, porém seriam necessários muitos volumes para que eu tocasse levemente neste tema.

E sempre atente para o fato de que estou apenas lhe oferecendo minha pequena parte da verdade. Cada homem ou mulher tem sua porção, então a minha é apenas um grão de areia na praia.

A LEI DO NOVO PENSAMENTO

O "novo pensamento" não é uma "moda", como muitos supõem, embora vários tenham feito dela o divertimento de uma hora ociosa. Tampouco é uma nova religião, como outros têm pensado.

Contém em si o que pode ser encontrado em todas as grandes religiões do mundo, mas em geral tão seguramente escondido que só aqueles com olhar acurado podem discernir.

Não é uma nova religião, mas ajudará a lançar luz renovada sobre todas elas, à sombra do pensamento religioso. Não possui igrejas ou templos. Permite a seus seguidores adorarem nas casas de seus pais ou, se preferirem, em campos abertos, junto ao mar, nas florestas, em seus quartos, em qualquer lugar, em todos os lugares.

Sim, pois não se pode escapar do Universo, Deus está em todos os lugares e todas as pessoas estão em constante contato com Ele e podem sentir a pressão de Sua mão caso o permitam, e ouvir o sussurro de Sua voz se o desejarem.

A pessoa que despertar a consciência para os verdadeiros princípios e a composição daquilo que chamamos de o "novo pensamento" terá encontrado uma paz que excede em conforto qualquer coisa que já tenha experimentado. Sentirá uma alegria superior a tudo o que sonhou e terá adquirido um conhecimento além do que já considerou possível.

Palavras são insuficientes para expressar com clareza. Deve-se ver, sentir, viver, realizar.

Essa, amigos, é minha resposta à pergunta: "O que é o 'novo pensamento'?". Não a respondi plenamente, bem sei. Mas também vejo que não se pode esclarecer uma dúvida dessa magnitude em poucas palavras. Talvez nem mesmo se consiga elucidá-la em muitos volumes, como já comentei. Porque esse tema é grandioso demais.

Significa algo diferente para cada homem ou mulher que é atraído para ele. Uma pessoa extrai o que é necessário para si e deixa o restante para as demais. E se dele tirarmos somente o necessário, o suprimento nunca acabará.

E dessa forma, eu mal respondi à pergunta ao lhe falar um pouco sobre o que é o "novo pensamento" para mim. Então, caso isso signifique algo para você, alguma coisa além do que eu mencionei, algo diferente do que eu discorri, não me culpe ou a você, nós simplesmente bebemos o chá preparado com as flores que escolhemos, mas a primavera ainda está lá, plena e constantemente florindo.

Sua xícara é tão boa quanto a minha, a minha tanto quanto a sua, então não discutamos a esse respeito. Não comparemos nossas xícaras.

Vamos, em vez disso, beber, saboreando o líquido cintilante da vida que nos foi dado e gritar alto aos que têm sede e buscam a primavera, para que, quem sabe, possam encontrá-la.

Pois ela não é sua, ou minha. É propriedade de todos.

"Pensamentos são coisas"

Ondas de pensamentos – Vibrações – Telepatia –Transmissão de pensamento – Somos todos afetados pelas ondas de pensamentos – A opinião pública é resultante de ondas de pensamentos – Uma influência quase irresistível, a menos que se compreenda – A força de atração do pensamento – Semelhante atrai semelhante – O pensamento de uma comunidade – Tornar-se positivo para os pensamentos dos outros – Auras de pensamentos cercam cada um, afetando uns aos outros – Atração e repulsão – Atraindo os melhores pensamentos – A mente é um ímã – Como se proteger de ser indevidamente afetado pela mente de outros – Fortaleça-se – A influência interna mais forte do que a externa – Como você pode se aproveitar do pensamento não expressado do mundo – O pensamento não elaborado procura avidamente por uma via de demonstração – Como atraí-lo para si.

Cada pensamento dá início a ondas de emoções ou vibrações que viajam em maior ou menor velocidade ou intensidade, variando conforme a força e afetando, mais ou menos, pessoas muito afastadas de seu emissor.

Estamos constantemente recebendo influências de outras pessoas e as remetendo. Não me refiro às mensagens deliberadamente dirigidas de uma mente a outra pelas leis bem estabelecidas da telepatia. Falo das igualmente reais, porém menos compreendidas, remessas inconscientes de idas e vindas de pensamentos que são trocados por cada um de nós o tempo todo.

Claro que estas são manifestações diferentes do que chamamos de telepatia, ou transmissão de pensamento, mas o termo é geralmente usado para designar o envio e o recebimento consciente de mensagens mentais.

Essa força de transferência de pensamento está sendo o tempo todo exercitada pelas pessoas em geral, normalmente indireta e inconscientemente.

Pensamentos criam vibrações que são remetidas adiante em ondas em todas as direções e afetam em maior ou menor grau todos com quem entramos em contato.

Podemos ver exemplos disso na vida cotidiana. Pessoas são atingidas pelo pensamento de outras nos negócios, na rua, no teatro, na igreja, e de fato em qualquer lugar. A opinião pública é em grande parte formada pelos pensamentos de muitos cérebros positivos e vigorosos, cujas ideias são enviadas adiante através de ondas de pensamentos que rapidamente influenciam todo o país, ganhando força conforme avançam, fortalecidas pelas vibrações dos pensamentos de todos os que são afetados por elas.

Grandes ondas de sentimento popular varrem o país e conquistam todos, exceto aqueles que compreendem as leis da influência mental e se protegem dessas influências externas.

As ondas de pensamento da maioria da população batem contra a mente do indivíduo e exercem uma influência quase irresistível.

Há algo muito importante no estudo das vibrações do pensamento para o qual qualquer homem ou mulher deve constantemente atentar.

Eu me refiro ao fato de que a lei "semelhante atrai semelhante" é válida no mundo do pensamento também. Uma pessoa atrai os pensamentos correspondentes aos seus, emitidos por outros.

Alguém que odeia atrairá todas as ondas de pensamentos de ódio e maledicência em um grande raio em torno de si, e esses recém-adquiridos pensamentos servirão como combustível ao fogo que já está em sua base de sentimentos, rendendo-lhe mais ódio e raiva do que nunca.

Aquele que pensa em amor, e superou velhos sentimentos negativos de imperfeição, não atrairá as negatividades. Elas passarão por essa pessoa rapidamente, em busca de algum ponto de atração na mente de outros que estiverem pensando de acordo com uma linha de pensamento condizente.

Então, o homem que pensa no amor fará fluir para si todos os pensamentos amorosos de seu círculo de influência. As pessoas instintivamente reconhecem essa força quando estão na mesma vizinhança com outras, na mesma frequência de pensamento.

Comunidades possuem sua individualidade, assim como as pessoas. Cada vila, cidade, grande centro tem suas peculiaridades, as quais são notadas por aqueles que chegam. Estranhos que se mudam para essa coletividade gradualmente adquirem as características do lugar, a menos que sejam muito incompatíveis com seu perfil, e nesse caso procurarão se mudar da cidade assim que puderem, pois não se sentirão contentes com a vizinhança.

É bom estarmos rodeados por aqueles cujos pensamentos estão alinhados com os nossos e, assim, um adicionar poder ao outro, ambos livres de influências perturbadoras externas.

Sem dúvida as pessoas podem, pela prática e compreensão, tornarem-se positivas aos pensamentos dos outros e, mesmo sem riscos, estarem rodeadas por indivíduos com linhas de pensamento totalmente diferentes das suas e, mesmo fazendo isso, atrair para si, de grandes distâncias, pensamentos que harmonizem com os seus.

Cada um está constantemente rodeado por uma aura de pensamentos que afetam aqueles com os quais contacta. Algumas pessoas nos atraem sem dizer uma só palavra, enquanto outras nos geram sensação de repulsa quando adentramos o raio de sua aura.

A aura de um homem é composta pela essência de seus principais pensamentos. Reflete sua atitude mental geral. Esta aura é sentida não apenas pelos humanos, mas também pelos animais inferiores.

As crianças são muitos susceptíveis a essas influências, e muitas e incontáveis afinidades e rejeições que manifestam são explicadas através desse processo.

Há também pessoas especialmente sensíveis à atmosfera do pensamento de outras e que, de imediato, notam a atitude mental daqueles com os quais estão em contato. Certos videntes ou médiuns são capazes de perceber essa aura e afirmar que ela varia em densidade e tonalidade conforme a qualidade de pensamento prevalecente do indivíduo.

Quando se nota o trabalho maravilhoso da lei de atração do pensamento, é possível ver a importância de controlá-lo para atrair apenas o melhor e tudo que possa ajudar o mundo, em vez de suscitar depressão, dor e negatividade que seriam propagadas a tantas mentes.

O ser que mantém uma atitude mental esperançosa, confiante, livre de medo atrairá pensamentos semelhantes vindos de outros e será fortalecido e ajudado pelo fluxo externo, e seguirá a vida de sucesso a sucesso, atingido pela força combinada dos pensamentos que provocou. Porque se tornará um ímã de positividade.

Igualmente verdadeiro é o fato oposto. Aquele que sustenta uma postura desanimada, negativa e temerosa atrairá os mesmos tipos de sentimentos que o puxarão para baixo, mais profundamente rumo ao *Slough of Despond*[5], ou pântano do desespero.

Lembre-se sempre de que "semelhante atrai semelhante" no mundo do pensamento. E, pode ter certeza, qualquer que seja seu pensamento, você atrairá um correspondente, o qual será encaminhado à mente dos outros.

Já notou a força do pensamento no caso de pessoas que acabaram de se conhecer? Cada uma atrai para si o seu próprio perfil. Coloque cem homens estranhos em uma sala e dentro de uma hora eles terão formado grupos, cada qual representando um tipo diferente, com atitudes mentais

---

[5] The *Slough of Despond (swamp of despair)*, ou pântano do desespero, é um pântano fictício e profundo da alegoria de John Bunyan, *O peregrino*, na qual o protagonista cristão se afunda sob o peso de seus pecados e seu sentimento de culpa por eles. (N.T.)

peculiares. Cada um instintivamente se aproxima dos que têm qualidades correspondentes às suas.

Caso tenha um plano de vida, pense o máximo possível nos objetivos desejados, mantendo os pensamentos focados naquilo de que realmente precisa para que possa realizá-los. Agindo assim, você não apenas treinará a mente pela autossugestão, mas atrairá, do grande oceano de pensamentos, a ajuda enviada por outros e obterá o benefício do pensamento deles, bem como do seu.

Muitos de nós ficam ruminando certos assuntos intensamente, com grande concentração e, de súbito, obtêm uma grande ideia vinda de algum lugar. Sentimo-nos surpreendidos com a chegada repentina e a posse de uma constatação tão valiosa.

O pensamento vigoroso, positivo, esperançoso, cheio de boa expectativa, concentrado sobre qualquer assunto, trará ajuda e pensamentos valiosos dos outros. Não há dúvida de que muitos homens desenvolveram poderes nessa direção que os colocam em contato com as melhores mentes que trabalham na mesma frequência.

Muitos inventores se veem trabalhando nas mesmas invenções. E escritores frequentemente encontram no livro que acabaram de escrever uma semelhança impressionante com o de outro escritor muitas vezes de um outro país.

Sentimentos difíceis são muitas vezes gerados por uma falta de compreensão de como funciona a lei do pensamento. Discorri consideravelmente a respeito deste assunto em meu trabalho anterior intitulado *A força do pensamento* e posso fazer algumas referências neste livro. Trata-se de uma parte importante dos ensinamentos do "novo pensamento", e o discípulo logo perceberá seu maravilhoso resultado nos relacionamentos da vida cotidiana.

Não há motivo para alarmes por parte de ninguém pela possibilidade de ser afetado pelos pensamentos dos outros. A solução é colocar-se na condição apropriada, em que você possa receber somente vibrações auxiliadoras correspondentes aos pensamentos superiores de sua própria mente, e nada entrará a menos que você o permita.

A influência interna é muito mais forte do que a externa. Tudo o que se deve fazer é manter a mente livre de pensamentos negativos, e assim os indesejados, externos, não terão acesso. Apenas aqueles que se harmonizarem com os seus encontrarão abrigo.

Fixe sua chave mental e nenhuma outra abrirá sua porta. Se pensar em amor, o ódio não se aproximará. Em verdade, a mentira se afastará.

"Como o homem pensa em seu coração, assim ele é" também se aplica aqui.

O homem tem possibilidades infinitas rumo ao desenvolvimento de sua mente, a ponto de ter a capacidade de atrair o que necessita do grande armazém mundial de pensamentos ainda não expressos.

Encontrará quantidades gigantescas de pensamentos que aguardam pela oportunidade de expressão que não foi dada pelas mentes que os originaram.

Pensamentos são famintos por expressão, têm ansiedade em serem plantados em um local que possua energia suficiente para frutificá-los.

Muitas pessoas são preguiçosas demais para expressar os pensamentos que originaram e deixam para outros a tarefa de absorver seu conteúdo e usá-lo. Nada é desperdiçado, e o que um não usa, outro encontrará serventia e fará boa utilidade.

O pensamento não expresso será acrescentado à reserva de todos, colocado à disposição dos que dele necessitarem e tiverem o poder de atraí-lo.

Sua mente é um ímã para satisfazer suas demandas e desejos conscientes e inconscientes.

O cultivo de uma atitude mental adequada fará com que você obtenha o melhor produto do mundo do pensamento. Vale a pena tentar?

A LEI DA ATRAÇÃO

Esta é uma lei difícil de ser compreendida – O pensamento atrai não apenas pessoas mas também coisas – Exerce controle sobre as circunstâncias – A união de todos oferece uma solução para o problema – O átomo atrai o que é necessário para seu desenvolvimento – O poder do desejo – Como a lei opera em algumas circunstâncias – A lei atuando através dos homens – Ilustrações do maravilhoso funcionamento da lei – Seus pensamentos colocam-no em ligação com o mundo exterior e suas potencialidades – Pondo as forças em operação – O caminho para o sucesso – Varrido por forças irresistíveis – Fé e reconhecimento da lei, recompensados pelo movimento imediato – A obtenção daquilo que tanto se procurava – A lei é sua mestra ou sua serva.

O funcionamento da lei da atração é um assunto que me intrigou durante muito tempo depois de eu ter me interessado pelo "novo pensamento". Acho que os outros o consideram difícil de compreender.

É comparativamente simples de assimilar o efeito da mente sobre o corpo, na mente de outras pessoas, da força de vontade sobre a mente, o fato de um pensamento atrair um pensamento semelhante, etc.

Porém, quando alguém se torna consciente pela primeira vez da existência de algo como a lei da atração, em que uma pessoa atrai coisas para si e exerce controle sobre as circunstâncias através do pensamento, então acha difícil de entender o fato ou de compreender a lei que opera dessa maneira.

Há uma grande diferença, aparentemente, entre o efeito do pensamento sobre as pessoas e sobre as coisas. Ao se absorver a ideia da unicidade, entretanto, começa-se a entender o motivo de uma parte do todo afetar a outra, seja ela uma pessoa ou um objeto.

Eu nunca tinha ouvido uma explicação tão esclarecedora sobre o funcionamento intrínseco da lei da atração, embora muitos entendam de sua operação geral e alguma ideia possa ser obtida raciocinando por analogia.

Mas que a lei da atração existe e funciona com sua força plena, muitos homens e mulheres sabem por experiência. Um principiante que não possa entender achará necessário dar um voto de confiança no início, até que se convença de sua real existência, através dos resultados que terá.

Parece ser uma grande lei da Natureza através da qual um átomo atrai para si o que é necessário ao seu desenvolvimento. E a força que causa esse resultado é manifestada pelo desejo.

É provável que haja diversos desejos, mas o predominante deles tem força de atração maior. Essa lei é reconhecida através dos diversos reinos da Natureza, mas já é possível perceber que a mesma lei também existe no reino da mente.

Nossa atitude mental origina a atração de coisas para nós de acordo com nossos pensamentos e desejos predominantes. Um pensamento fixo e firme, mantido continuamente, atrairá o que almeja, exceto em casos em que outras influências mentais estejam trabalhando contra essa força.

Por exemplo, se dois homens estão ansiosamente desejando a mesma coisa, o de pensamento mais forte ganhará o objeto. Mas não é aconselhável desejar algo específico, já que pode não ser o melhor para você em seu atual estágio de desenvolvimento.

O plano ideal é manter o pensamento no sucesso final, deixando os detalhes ao encargo da Lei, e tirando melhor proveito dos eventos que ocorrerem, transformando cada um em vantagem, sem permitir que boas oportunidades sejam desperdiçadas.

Você descobrirá que a Lei opera assim. Vi pessoas que fixaram sua ambição e aspirações em algo particular e depois descobriram que aquilo não era uma boa alternativa para suas vidas.

O melhor plano, portanto, consiste em manter uma atitude mental de sucesso e realização, deixando os pormenores para serem trabalhados no dia a dia. Tira-se proveito de cada característica do plano a cada etapa, porque você sente que os fatos em curso são sempre o melhor que podia estar acontecendo, visando ao sucesso final.

Acredito que muito do trabalho da lei da atração seja realizado mediante a junção de pessoas de ideias semelhantes, interessadas nos mesmos planos, ideias, negócios, etc. E ao mesmo tempo fazendo com que alguém seja atraído por outros que podem ser úteis para este propósito. É um caso de atração mútua, não uma questão de influência de uma mente sobre outra.

Dois homens de atitudes mentais semelhantes atrairão outros e se unirão para vantagens mútuas. E embora o resultado com frequência pareça ser a atração de coisas, vê-se que os objetos são movidos por pessoas.

Muitos outros acordos importantes acontecem porque alguém foi atraído por pensamentos e ideias alheias. Entretanto, há casos em que observamos a mente com um efeito positivo sobre as coisas. Alguns homens parecem ser imunes a acidentes, enquanto outros sempre correm a seu encontro. Homens de natureza destemida e ousada parecem ter uma proteção contra acidentes que costumam ocorrer a homens medrosos. Alguns parecem levar vidas encantadas na batalha, enquanto outros estão sempre feridos. Ouvi uma série de casos de homens que quase buscaram a morte, e não puderam encontrá-la.

À primeira vista pareceria que os que procuraram deviam ter obtido o pior destino, mas uma análise um pouco mais detalhada nos mostrou que os bem-sucedidos foram justamente os que se libertaram do medo.

Algo semelhante parece verdadeiro nos negócios e na vida cotidiana. O sujeito que ousa e parece desafiar o medo corre toda sorte de riscos, mas quase sempre sai ileso no final. Se falha, é porque geralmente perdeu a coragem no último momento.

O medo é uma das maiores forças com potencial de atração da mente. É como a expectativa confiante pela chegada do diabo, variando em grau conforme a intensidade.

Seus pensamentos o colocam em conexão com o mundo exterior e suas forças. Você atrai ou repele pessoas e coisas conforme o caráter do pensamento realizado.

Você e eles são atraídos um pelo outro, porque seus pensamentos são lançados na mesma chave. Você está em contato íntimo com todas as outras partes do todo, mas atrai para si apenas as que correspondem a seu tipo de atitude mental.

Se você pensa em sucesso, descobrirá que colocou em operação as forças que o conduzirão até lá e, de tempos em tempos, se permanecer na mesma posição mental, outras situações ocorrerão de acordo com a necessidade e o ajudarão em seus esforços.

As situações virão a seu encontro da maneira mais surpreendente e as oportunidades aparecerão. Se bem aproveitadas, garantirão seu sucesso. Você descobrirá que novos pensamentos surgirão e merecerão sua atenção para que sejam bem direcionados. Encontrará pessoas que o ajudarão de diversas maneiras, através de sugestões, ideias e ajuda efetiva.

Claro que o trabalho que você deverá fazer não será realizado pelos outros em seu lugar, mas a Lei continuamente o ajudará e apoiará. Ela lhe trará oportunidades e chances à mão, mas você terá de pegá-las. Isso o levará a novas portas, mas será você quem as abrirá.

Aparecerão estradas tortuosas, mas não se preocupe porque você chegará ao final da jornada não importando o trajeto. Às vezes, isso o levará além do ponto que estava mirando, mas, conforme estiver passando pelo alvo inicial, você esboçará um sorriso, porque aquela parte da estrada naquele momento lhe parecerá sem importância, sendo que pouco tempo atrás era a principal razão da viagem.

A LEI DO NOVO PENSAMENTO

O que representava tudo o que valia a pena e que o inspirava a fazer tanto esforço deixará de ser interessante para você, que nem fará questão de agarrá-lo. Importa-lhe, agora, seguir adiante, rapidamente encantado por forças irresistíveis que passaram a operar.

A fé na Lei e seu reconhecimento parecem ser recompensados pelo movimento imediato para a frente. A falta de fé e sua negação agem como freios ao progresso, embora a Lei esteja sempre em operação, porque se não estamos indo para a frente, estamos sendo impelidos em outra direção qualquer, pela razão das forças da atração que nós colocamos em operação, embora o façamos inconscientemente.

A Lei atua de duas maneiras, aparentemente, embora ambas as formas sejam apenas manifestações diferentes de uma só.

O que você teme atrai tanto quanto aquilo em que você tem esperança.

Quando alguém está procurando problemas, normalmente os encontra. E quando sente capacidade de suportar todos os tipos de dificuldades e superá-las, estas parecem nem vir.

Obtém-se o que se procura. O velho ditado que diz que o mundo julga um homem com base em sua própria avaliação[6], embora não estritamente correto, é baseado em um reconhecimento dessa Lei.

O homem que espera ser chutado e espancado geralmente tem suas expectativas realizadas, enquanto o que exige respeito geralmente o consegue. Como eu já disse, a Lei não fará o trabalho de um homem em seu lugar, mas lhe dará ferramentas e suprimentos corretos à mão e o manterá com todo o necessário. A Lei está constantemente trazendo oportunidades a cada um de nós e cabe-nos tirar proveito ou deixar escapar as boas chances sem um segundo olhar.

Pensamentos, coisas, pessoas, ideias, oportunidades, chances e outras coisas que atraímos estão passando diante de nós o tempo todo. Mas é preciso coragem para pegá-las.

---

[6] Citação de Orison Swett Marden, escritor norte-americano (1850–1924). "*The world takes us at our own valuation.*" (N.T.)

O homem de sucesso é aquele que sabe como tirar vantagem das oportunidades que os demais falham em ver. Tem confiança em si e em sua habilidade em dar forma ao material bruto que tem nas mãos. E, então, nunca sente que não há mais oportunidades no mundo para ele ou que todas as coisas boas já passaram.

Sabe que há muito mais eventos maravilhosos por acontecer de onde vieram os anteriores e simplesmente mantém os olhos abertos, e após algum tempo algo acontece e ele o alcança e pega.

A lei da atração está em plena operação. Você está fazendo uso dela constante e inconscientemente, a cada minuto de sua vida.

Que espécie de coisas você está atraindo?

O que você quer?

Seus pensamentos correspondem ao que você deseja ou ao que você teme?

Quais são eles?

A Lei é sua mestra ou sua serva?

Faça sua escolha.

Faça-a agora.

Construção mental

O homem evoluído tem o poder de conscientemente edificar sua mente, construindo-a sozinho em vez de permitir que outros o façam – O armazém subconsciente – Movimento de acordo com as linhas de menos resistência – Fazer um inventário mental, descartando material sem valor – Inutilidades mentais – O homem não é um verme do pó – Seu destino é grande e glorioso – A mente humana depende de seu uso – Treinar e desenvolver a mente – Como adquirir uma mente com as características desejadas – Moldando e lapidando a mente de acordo com a vontade – Não mais seremos servos de nossas mentes – Liberdade mental – A mente é um instrumento a ser usado pelo "Eu real" – Autossugestões e afirmações – A doutrina do: "Eu posso e eu vou" – Que tipo de suprimento mental você está utilizando?

Ao homem evoluído está reservado o orgulhoso privilégio da edificação consciente de sua mente, em qualquer formato desejado. O privilégio de alterar, reparar e adicionar algo a sua estrutura mental.

Nos animais, no homem primitivo e até mesmo na maioria dos homens da atualidade, o trabalho de construção mental é largamente influenciado por forças externas: ambiente, associações, sugestões, etc. E, claro, até o ser humano mais evoluído está sujeito a tais influências.

Mas o homem desenvolvido sabe que tem papel ativo na construção de sua mente. Esse edifício, claro, é construído em conjunto com o campo subconsciente, com o pensamento consciente que fornece o material, sendo construtor o "eu". Em um capítulo anterior falei do plano subconsciente da mente, e de como ele acrescenta, todos os dias, por pensamentos do plano consciente da nossa própria mente, o pensamento alheio, sugestões, e assim por diante.

Também comparei o plano subconsciente a um volume de água para o qual corria um riacho límpido, e mostrei como a qualidade do volume total de água dependia da pureza do que chegava até ele.

O subconsciente pode também ser comparado a um imenso armazém para onde mercadorias são levadas e guardadas.

Vê-se facilmente que o tipo de conteúdo do armazém deve ser determinado pelo grau e pela qualidade das mercadorias transportadas no dia a dia. Em analogia, percebemos a importância de selecionar as mercadorias mentais a serem guardadas. O plano subconsciente é um imenso galpão para o qual estamos continuamente levando itens a serem mantidos para uso futuro.

Além disso, são produtos usados constantemente. A maior parte do nosso pensamento é formada de acordo com as linhas da recordação subconsciente, e o plano subconsciente somente pode usar o que já foi armazenado em seu espaço.

A mente se move pelos caminhos de menor resistência e, quando é necessário pensar em determinado assunto, busca a linha de pensamento mais fácil, aquela que foi usada com mais frequência no passado.

É cansativo para nós pensar em novos trajetos, e seguir pelos costumeiros requer menos esforço, por isso constantemente nos movemos pelos trilhos mais lisos.

Temos em nosso plano subconsciente muitas ideias preconcebidas, planos prontos sobre os quais nunca nos debruçamos seriamente. Em algum momento passado aceitamos essas opiniões ou ideias de alguma fonte e nunca consideramos o outro lado da questão. E quando o assunto vem à tona em uma conversa ou leitura, descobrimos que temos uma opinião bem formada e até fanática a respeito.

Somente quando somos forçados a desencavar o velho conceito e examiná-lo com cuidado e bem de perto, sob diversos ângulos, é que descobrimos que não há mérito algum naquilo, e ficamos aborrecidos em pensar que mantivemos aquele antigo pensamento guardado por tanto tempo à toa. Então nós o descartamos e o substituímos por algo bom de nossa própria fabricação.

Uma boa limpeza mental nos revelará muito material imperfeito e inútil no armazém subconsciente.

Entre os diversos artigos mentais sem valia certamente se encontram os pensamentos relacionados ao medo, preocupação, ciúme, ódio, malícia, inveja, etc. Um exame cuidadoso fará com que sejam atirados ao cesto de lixo mental para que os itens adequados e bons possam ocupar seus lugares.

Nenhum deles passará no teste da razão mais elevada. E então a crença do homem ser um verme do pó, um miserável pecador digno apenas da condenação eterna, um filho das trevas destinado ao fosso ardente... todas essas crenças passadas aos homens e às mulheres e guardadas por eles em seu depósito subconsciente e usadas com tanta frequência serão inutilizadas.

Como um ser humano pode acreditar que seja um verme do pó e um filho das trevas e ao mesmo tempo se ver como filho de Deus com um destino tão grandioso, tão imenso e brilhante que sua mente nem consegue dimensionar?

Como uma pessoa, tendo essas ideias, pode jogar fora os conceitos superados e dar um passo adiante para uma consciência espiritual mais brilhante?

E então a ideia de fracasso, medo, preocupação e o restante... As pessoas têm jogado essas sensações para dentro de si até que estejam tão atoladas que isso passa a influenciar todas as suas ações e pensamentos. E quanto mais se pensa nessa linha, mais se terá esse tipo de sensação no futuro.

Viaja-se constantemente pela antiga estrada até que isso se torna parte de sua natureza, e assim fica muito difícil encontrar um novo trajeto.

O homem deve observar com mais atenção o que pensa. Saber que o que edifica em sua mente é inconscientemente verdadeiro através do caráter de seus pensamentos.

Se ele está com pensamentos alegres, felizes, confiantes e cheios de coragem, está construindo uma imagem mental colorida por essas sensações. Igualmente verdadeiro é que, se ele pensar em medo, preocupação, melancolia e desespero, sua mentalidade vai adquirir essas cores e suas ações serão marcadas pelos tons prevalecentes de sua atitude mental.

Em meu trabalho anterior, intitulado *A força do pensamento*[7], dediquei um longo capítulo à "Construção do Caráter através do Controle Mental"[8], mostrando como um homem pode praticamente se superar cultivando uma certa linha de pensamento, permitindo que esta encontre abrigo em seu subconsciente.

Pode-se deixar a mente em determinados canais, treinar e desenvolver as faculdades que logo se transformarão em um novo hábito mental e, sem esforço, seguirão o novo trajeto mapeado para elas.

Lembre-se: cada vez que você pensa em algo, torna mais fácil essa repetição para sua mente. Se deseja ser mais vigoroso e ativo, tenha pensamentos dessa natureza, desenvolva um raciocínio voltado ao esforço para se transformar no que almeja. Permita-se pensar constantemente nisso e se dedique ao máximo a manifestá-lo em ações. Seguindo esse curso, você gradualmente se aproximará dos novos hábitos e a nova proposta será o caminho natural. Logo a antiga rotina será descartada por lhe parecer irreal.

Pode-se treinar a mente em qualquer direção desejada ou considerada necessária. Observe atentamente: é o treino mental consciente e a formação do subconsciente.

Você está preenchendo o armazém do subconsciente com mercadorias que deseja usar e, quando houver ocasião apropriada para recorrer ao estoque mental, deve esperar encontrar ali somente o que decidiu guardar.

---

[7] O título original é *Thought Force*. (N.T.)
[8] No original, *"Character Building by Mental Control"*. (N.T.)

A LEI DO NOVO PENSAMENTO

O subconsciente pode ser treinado como se faz com uma criança ou um animal de estimação. Pode ser moldado ou delineado de acordo com sua vontade. Requer perseverança, claro, mas trata-se de uma conquista muito valiosa.

Temos sido servos de nossa mente há tanto tempo que precisamos crescer e considerar o estado das coisas além do remédio. Embora não gostemos, precisamos nos resignar diante do inevitável.

O "novo pensamento" carrega a mensagem de liberdade mental para a humanidade. Mostra que a mente é apenas uma ferramenta do verdadeiro "eu". Um instrumento a ser usado, uma máquina que pode ser ensinada. Se o desejo está em um homem, ele pode moldar sua mente para realizar suas aspirações.

Se uma pessoa guarda certas qualidades, pode desenvolver e fazer crescer essas potencialidades desejadas levando-as sempre em conta e as manifestando em ações com máxima frequência.

E se alguém pretende superar certos pensamentos de fraqueza e tendências, pode fazê-lo nutrindo pensamentos opostos aos que pretende combater. A pessoa está no controle se assim se sentir. É a dona do armazém e tem o poder de admitir apenas os bens que considerar desejáveis.

Autossugestão e afirmações são praticamente a mesma coisa. Consistem em certas declarações que, constantemente repetidas ou afirmadas por alguém, farão crescer em seu interior as qualidades correspondentes.

Se uma pessoa tem pouca confiança em si e é tímida, retraída ou introvertida, a afirmação: "Eu posso e eu vou" se provará um tônico mental maravilhoso. Deixe-a repetir muitas vezes, não como um papagaio, mas com a plena noção de seu significado, e em breve ela perceberá as vibrações do "Eu posso e eu vou" começando a se manifestar.

E quando subitamente se confrontar com uma proposta ou tarefa, encontrará o pensamento "Eu posso e eu vou" cintilando em sua mente e levando-a à ação.

Antes dessa mudança não sentia nada, exceto "Eu não consigo" e "Tenho medo" quando confrontada com algo novo. Mas ela vai se recompor.

E assim acontece com qualquer linha de pensamento. Adquira o hábito de pensar no que você gostaria de ser e, em breve, estará crescendo e se transformando no que deseja.

Você está construindo sua mente constantemente, erigindo o edifício de seu caráter a cada dia. Como você o está construindo, que materiais está utilizando?

Está usufruindo das melhores matérias-primas possíveis, de pensamentos claros, positivos, confiantes? Ou estaria optando pelos imperfeitos, defeituosos, temerosos e negativos que tantas pessoas escolhem?

Já que você está edificando sua mente, por que não a constrói da melhor maneira possível? Por que não insistir em usar os melhores materiais, rejeitando os indesejáveis?

Você tem a operação em suas mãos. É o construtor. Se fizer um trabalho pífio, pobre, não culpe ninguém além de si mesmo.

Você está construindo hoje. Então responda: que espécie de material está usando?

O HABITANTE DO UMBRAL

A criação de Bulwer-Lytton[9] – O monstro assustador confrontando o cristão recém-convertido na câmara secreta – O significado verdadeiro da figura oculta de linguagem – Medo, o grande obstáculo ao sucesso, à felicidade e à realização espiritual – Fique diante da porta da liberdade – Mantenha a corrida sob controle – Avanço algum é possível até que seja superado – e ele pode ser vitorioso – Confronte com ousadia e ele recuará – Afirme: "Eu sou!" – O medo é tão magnético quanto o desejo – O temor é o pai de toda ninhada de pensamentos negativos – Ilustrações – O medo hipnotizou a raça humana – Nunca fez nada de bom ao homem, jamais o fará – O grito de: "Estou com medo" sempre foi ouvido – Oposição a novas ideias – Como o medo pode ser derrotado – Medo de uma farsa e de um fantasma, sem nenhum poder real sobre nós, exceto aquele que lhe permitimos ter.

---

[9] Edward Bulwer-Lytton, primeiro barão Lytton (1803-1873) foi um escritor e político inglês. Cunhou frases famosas, dentre as quais, *"dweller on the threshold"*, ou "habitante do umbral". (N.T.)

Muitos de você leram a história ocultista de Edward Bulwer-Lytton, intitulada *Zanoni*[10], e se recordam do "habitante do umbral", aquela figura monstruosa que confrontava o recém-convertido ao cristianismo, o neófito Glyndon, na câmara secreta do mestre Mejnour, e do qual Mejnour fala quando diz: "Entre os moradores do umbral há um, também, a superar em malignidade e ódio toda sua tribo, cujos olhos paralisaram o mais corajoso e cujo poder aumenta sobre o espírito precisamente em proporção a seu medo".

Em outro capítulo, Glyndon busca penetrar nos mistérios da câmara secreta e encontra o hediondo guardião da porta, assim descrito: "… o invólucro tornou-se escurecido por algum objeto indistinguível ao primeiro olhar, mas com mistério suficiente para transformar em horror inefável o deleite que ele antes tinha experimentado. Aos poucos, esse objeto foi tomando forma a seus olhos. Era o de uma cabeça humana, coberta por um véu escuro, através do qual brilhavam olhos de fogo lívidos e demoníacos que congelavam a medula óssea. Nada mais do rosto se podia distinguir, nada além daqueles olhos intoleráveis. Parecia rastejar como um grande réptil deformado e, parando longamente, agachou-se ao lado da mesa em que estava o volume místico e novamente fixou seus olhos através do véu no invocador…"

Prossegue a narrativa: "Agarrando-se à parede em agonia, os cabelos arrepiados, ele ainda espiou atrás de si com olhos arregalados. A imagem falou com ele. Sua alma, mais que seus ouvidos, compreendeu as palavras: Entraste em uma região imensurável. Sou o habitante do umbral".

Aqueles familiarizados com os símbolos e figuras do ocultismo reconhecem no habitante do umbral de Lytton o inimigo do progresso humano, aquela figura amedrontadora que fica diante da porta da liberdade: o medo.

O medo é o primeiro grande inimigo a ser superado pelo homem ou pela mulher que deseja fugir da escravidão e conquistar a liberdade. A

---

[10] *Zanoni* é o título do mais famoso romance ocultista do escritor inglês Edward Bulwer-Lytton (1803--1873). A narrativa se passa em Nápoles e tem por protagonistas o Conde Zanoni, a cantora de ópera Viola Pisani, o aprendiz de pintor Clarêncio Glyndon e Mejnour. O livro tem como pano de fundo os princípios da Ordem Rosa-cruz, tratando metaforicamente da alma e da busca pelo ideal. (N.T.)

porta da libertação está sinalizada e bastam alguns passos em sua direção, mas está guardada pela visão do maligno habitante do umbral, o medo.

Lytton não o pintou de forma tão amedrontadora assim, as palavras não podem descrever a hediondez desse monstro.

O medo se posta na estrada de todo progresso e avanço. Está na raiz de todo fracasso humano, dos pesares e da infelicidade. Mantém a raça humana na escravidão e, até que seja superado, não poderá haver avanços individuais ou em conjunto.

Esse inimigo precisa ser vencido antes que escape. E pode ser derrotado por aqueles que o enfrentarem com calma e determinação. Encare-o firmemente e ele retrocederá. Afirme "Eu sou" e saiba, no fundo de sua alma, que nada poderá feri-lo de verdade e o medo fugirá de você, voando para longe, temendo ser conquistado e preso com correntes porque conhece o poder do "eu", de sua consciência.

Quando uma pessoa permite que o medo invada seu coração, acaba por atrair tudo o que teme. O medo é um ímã poderoso e exerce uma força muito grande, paralisando os esforços e a energia humana e os impedindo de fazer o que seria fácil, caso estivessem livres desse monstro.

O homem consegue ter sucesso na medida em que se liberta do medo. Mostre-me um homem de sucesso e eu lhe mostrarei alguém que ousou dar as costas ao medo.

Pegue sua própria vida como exemplo. Você deixou passar muitas oportunidades porque teve medo. Viu-se diante de variados graus de sucesso e, no último minuto, quando o prêmio estava à vista, afastou sua mão e se retirou. Por quê? Porque "perdeu o controle" e o medo entrou em seu coração. Quando o vírus do medo entra no sistema, o corpo todo paralisa.

O medo é o pai de toda a ninhada de pensamentos negativos que mantém os homens em cativeiro. Desde o ventre recebemos preocupação, ciúme, malícia, inveja, falta de caridade, fanatismo, intolerância, condenação, raiva e tudo o mais. Tem dúvidas? Vejamos.

Você não se preocupa com as coisas a menos que as tema. Não sente ciúme enquanto o temor não se manifestar. Ódio é sempre mesclado ao medo e inspirado nele: ninguém tem esse sentimento por algo que não tem o potencial de feri-lo. A inveja mostra sua origem. A escravidão, a intolerância e a condenação, todas eclodem do medo. A perseguição somente começa quando seu objeto é temido.

Uma análise atenta mostrará que a raiva nasce de uma vaga sensação de medo. Algo que não amedronta gera diversão e zombaria. Pense com cuidado e descobrirá que todos esses pensamentos negativos e dolorosos têm parentesco com o medo.

E se você começar a abolir o medo, a ninhada de jovens sentimentos ruins morrerá de inanição.

O medo hipnotiza a raça humana há tempos e seus efeitos sempre foram notados. Nós o recebemos através do leite de nossas mães. Sim, e mesmo antes de nascermos já convivemos com essa coisa, sugerida a nós desde a mais tenra infância. Os "se", "suposições", "mas", "e se", "vocês não têm medo de" sempre estiveram conosco.

Fomos ensinados a temer tudo sobre o céu e a terra e nas águas e sob a terra. Os fantasmas da infância, as coisas da masculinidade a serem temidas, tudo é parte da mesma engrenagem.

Disseram-nos durante toda a vida que "os duendes vão te pegar se você não tomar cuidado"[11].

De toda maneira, a sugestão do medo foi constantemente lançada sobre nós. Quem conhece o poder da sugestão repetida percebe o que tudo isso significou para o mundo. O brado corajoso das pessoas sobre o "novo pensamento" dizendo: "não se preocupem", e outros nessa linha, estão jorrando água cristalina sobre uma piscina de lama estagnada e repleta de temor que o mundo permitiu acumular, e outros estão sendo acrescentados a cada dia, mas a piscina é gigantesca.

O medo nunca gerou bem algum e jamais o fará. É um pensamento negativo que arrastou sua forma viscosa ao longo do tempo, devorando as boas promessas da humanidade.

---

[11] *"The goblins will catch you if you don't look out"*, frase tradicional usada no Halloween, ou Dia das Bruxas. (N.T.)

É o maior inimigo do progresso, o inimigo juramentado da liberdade. O grito "Estou com medo" sempre foi ouvido, e somente quando um homem ou uma mulher ousou rir na sua cara, é que o mundo foi adiante.

Quando alguém avança com uma nova ideia calculada para beneficiar o mundo, imediatamente se ouvirá o grito de medo, com os latidos de cachorros que o acompanham, ódio e raiva enchendo o ar e despertando berros de eco, rosnados de todos os medrosos audíveis.

Deixe qualquer um tentar fazer alguma coisa de novo, melhorar algum plano atualmente aceito, ensinar a verdade de uma nova maneira, e o grito subirá. O medo é a maldição da raça humana.

O homem que está no cativeiro do medo é escravo, e mestre mais cruel nunca existiu. Na proporção de seu medo, o homem se afunda na lama. E a parte patética, embora algo divertida de tudo isso, é que, o tempo todo, o homem tem poder suficiente para se erguer e dar um golpe entre os olhos do mestre, o que o faria recuar apressadamente.

O homem é como um jovem elefante que ainda não conhece a própria força. Quando perceber que uma cordinha não poderá segurá-lo, o medo fugirá assustado.

A pessoa que reconhece seu papel no Universo, separa-se do medo para sempre. E, antes que atinja esse estágio, o medo perde seu controle na medida em que ela avança, passo a passo rumo a esse reconhecimento.

E não apenas nesse plano o medo pode ser vencido, mas também no estágio inferior de autodesenvolvimento.

Quando o homem reconhecer que o medo é produzido por ele mesmo, feito de uma abóbora que comprou e recortou o lugar dos olhos, do nariz e da boca, e dentro da qual colocou uma luz para que ficasse assustadora na noite de Halloween, despertará e cortará as cercas que o prendiam e amedrontavam.

Verá que os acontecimentos não são tão assustadores quanto temia. Sentirá que o medo de algo é pior do que o fato em si. Notará que, se a antecipação de algo desejado é melhor do que sua realização, a precipitação do temor é mais danosa do que o próprio evento.

E descobrirá que a maioria dos medos não se concretizam. E que mesmo aqueles que surgem, de alguma forma são resolvidos para que possamos suportar o fardo de um jeito muito melhor do que nossa fantasia permitiria.

Deus não apenas tempera o vento para o cordeiro tosquiado, mas tempera o cordeiro tosquiado para o vento[12]. E o homem descobre que o próprio medo de algo o traz frequentemente para si enquanto uma atitude mental destemida o faz voar para longe no último momento.

Jó[13] gritou: "O que eu temia me aconteceu."

Alguém falou e eu com frequência repito: "Não há nada a temer a não ser o medo". Vou adiante e digo que não há sentido em ter receio até mesmo disso; por mais terrível que lhe pareça visto de fora, você sabe que por dentro ele é feito do mais frágil material.

É uma madeira pintada para se parecer com ferro. Um vento mais forte a destruirá. É uma fraude, um cão amarelo usando apenas a pele de um leão. Poste-se diante dele com coragem e o encare fixamente. Sorria. Não se assuste com a máscara horrenda, que se derreterá diante da coragem e da confiança. Todos esses pensamentos negativos são fragilidades comparadas ao plano da bondade.

Você quer saber mesmo como se livrar do medo? Ouça. Basta ignorar sua existência e levar sempre consigo os ideais de confiança e coragem. Confiança no grande plano do qual você *faz parte*. Coragem em sua força como parte do Todo. Crédito no trabalho da Lei. Ânimo em trabalhar de acordo com essa Lei. Fé em seu destino. Valorização de seu conhecimento da realidade do Todo e da ilusão que é a separação.

Em resumo, coragem e confiança despertadas pelo conhecimento da lei da atração e pelo poder da força do pensamento. Coragem e confiança em sua sabedoria, que diz que os caminhos positivos superam os negativos.

---

[12] Adaptação da citação do romancista irlandês Laurence Sterne (1713-1768). Citação original: *"God tempers the wind to the shorn lamb."* Referência a trecho de salmo bíblico. (N.T.)

[13] Jó, personagem bíblico. Citação em Jó, 3:25. (N.T.)

A LEI DO NOVO PENSAMENTO

As pessoas dizem com frequência que os princípios do "novo pensamento" estão além de sua capacidade de compreensão, que gostariam de obter algo útil para seu cotidiano. Bem, há aqui alguma coisa para elas.

A ideia de abolir o medo as ajudará a ter uma tranquilidade não experimentada até então. Ela lhes garantirá horas tranquilas de sono após uma rotina atribulada e até mesmo paz de espírito durante o dia.

Tornará o caminho mais leve e evitará atritos. E ao mesmo tempo em que lhes trará esses benefícios, também os transformará em pessoas melhores, porque esse processo é uma etapa importante para o reconhecimento de verdades superiores.

Você, um cristão recém-convertido, diante da porta da câmara secreta, ansioso por adentrar os portais e daí chegar ao conhecimento, à liberdade e ao poder, não desanime ao ver o habitante do umbral.

Ele está ali apenas ocasionalmente. Sorria e o encare com firmeza e veja o velho charlatão que ele é. Afaste-o para o lado e entre na sala do conhecimento. Além dela há outras à sua espera, que você adentrará em turnos. Deixe o habitante do umbral para os mortais tímidos que têm medo de que "os duendes os peguem".

"Um coração fraco jamais conquistou uma verdadeira dama"[14] e nada que realmente valha a pena neste mundo. E "ninguém, exceto os corajosos, merece o que é justo"[15], ou qualquer outra coisa.

Então, esqueça lamentações como: "Eu não consigo" ou: "Estou com medo" e grite com coragem: "Eu posso e farei!".

Empurre o habitante do umbral contra a porta e entre na sala.

---

[14] Tradução do provérbio: *"Faint heart never won fair lady"*. (N.T.)
[15] Tradução do provérbio: *"None but the brave deserve the fair"*. (N.T.)

Mente e corpo

Muitas pessoas atraídas pelo "novo pensamento", por sua característica de cura – Esse aspecto é muito importante, mas não o mais relevante a ser obtido – Muitas teorias, mas uma única força real – O segredo de curas permanentes – O apelo de diferentes escolas – Todas elas obtendo resultados maravilhosos – Todas as formas de cura são boas, mas elas podem ser feitas por cada pessoa – O potencial de cura latente no indivíduo, chamado à força por tratamentos externos – O plano subconsciente de cura, sem tratamento – O homem tem uma força de recuperação latente em si – Desperte essa força de recuperação – Força vital – Uso da transferência da força vital – O medo é um veneno – Esqueça-se do freio – Não há mistério especial na cura – Explicação dos processos da Natureza para a cura mental.

Muitos têm a impressão de que a cura de doenças é o objetivo mais importante e o que permeia o princípio do "novo pensamento". É provável que grande parte das pessoas que se interessou por esse importante movimento tenha sido estimulada, originalmente, por esse aspecto em particular.

Mas quem se enquadra nesse caso logo percebe as fases mais profundas do pensamento e começa a investigá-las. Em pouco tempo, a mera cura de doenças, embora importante, ganha menos significado, comparativamente.

A LEI DO NOVO PENSAMENTO

Diversas pessoas começam recebendo tratamento de algum praticante de cura mental, ou cura espiritual, como alguns preferem dizer, para, em seguida, migrar para as fases mais altas, enquanto outros se interessam por verdades mais elevadas e acabam se vendo mais fortalecidos fisicamente, embora sem nenhum esforço especial de sua parte.

Não me proponho a entrar na teoria mental da cura ou da influência da mente sobre o corpo, e apenas consigo tocar no assunto de modo superficial.

Há muitos livros que se aprofundam no tema, e a maioria de meus leitores sabe, por experiência pessoal, do sucesso desse método de tratamento de doenças.

Cada escola de cura mental em particular parece ter seu método de tratamento de doenças preferido e possui um jeito próprio de ministrá-los.

Alguns preferem atendimentos personalizados, outros o que chamam de "a distância", em que a pessoa que o administra pode estar a quilômetros e a cura se dará através de comunicação telepática.

Pessoalmente, acredito que todas essas maneiras sejam apenas jeitos diferentes de colocar em operação a mesma força, a da energia maravilhosa da mente sobre o corpo.

Creio que o melhor plano de tratamento seja o de educar o paciente a reconhecer as forças incríveis de sua própria mente, capazes de curá-lo. E fazer com que perceba que nenhuma cura permanente é realizada, nem futuras doenças prevenidas, até que a pessoa evolua para um reconhecimento desse fato.

Mas, assim como todos precisam engatinhar antes de aprender a andar, também é necessário sentir-se fragilizado no corpo e na mente e pouco confiante nas próprias forças, para receber assistência na forma de algum tratamento externo.

Ouvimos reivindicações das várias escolas e cultos, cada um dos quais dizendo que seu caminho é o único e que os demais métodos estão errados ou, ao menos, não são realistas.

Há argumentos bem plausíveis e convincentes, até olharmos ao redor e vermos que todos estão obtendo excelentes resultados. Uma investigação mais precisa mostrará que a porcentagem de curas é praticamente a mesma, não obstante as alegações de cada escola ou conjunto de profissionais em particular.

Embora todas atinjam resultados, acredito que os melhores e permanentes sejam obtidos pelos praticantes que, além do tratamento, gradualmente educam seus pacientes a ajudarem a si próprios e a afirmarem o poder dado por Deus a cada um deles para garantirem a própria saúde.

Acredito que vários praticantes da Ciência Cristã, Ciência Mental, Terapêutica Sugestiva, Cura pela Fé, Ciência Divina[16] e demais estejam usando a mesma força grandiosa e a única diferença esteja no método de aplicação.

Também sei, por experiência pessoal, que é possível um homem curar a si mesmo, aplicando essa força para a restauração completa da saúde e da energia sem a assistência de nenhuma outra pessoa.

Acredito que o poder da cura esteja latente no indivíduo e que, quando ele é tratado e curado por outro, a cura foi efetivada pelo praticante através do despertar e da ativação desse poder.

Esse despertar do poder pode ser alcançado por qualquer um dos métodos de tratamento pessoal ou por assistência a distância. No último caso, as ondas de pensamento positivo do praticante atingem a mente do paciente no plano subconsciente e despertam a força latente que ali se encontra, bem como o resultado da cura.

O efeito da mente do praticante, transmitido por sugestão verbal ou telepatia, age da mesma forma que as poderosas repetições de autossugestão do próprio paciente. Ambos atingem o plano subconsciente e restauram a condição normal daquela porção da mente, carregando as funções físicas.

E a mente, uma vez normalizada, envia impulsos adequados do sistema nervoso simpático para as partes afetadas, suprindo-as com um aumento da corrente nervosa e da circulação do sangue, assim reparando tecidos e células desgastadas e fazendo com que o órgão funcione corretamente.

---

[16] Tradução livre das denominadas "novas religiões", em inglês: *"Christian Science, Mental Science, Suggestive Therapeutics, Faith Cure, Divine Science"*. (N.T.)

A LEI DO NOVO PENSAMENTO

Em outras palavras, acredito que o trabalho real seja feito através da mente do paciente, por meio do poder de cura avivado de diversos modos e trabalhado através do cérebro, ou cérebros, e sistema nervoso do paciente.

Cada homem ou cada mulher tem em si, adormecido em muitos casos e inativo em outros, um certo poder de recuperação capaz de restaurar a perda de função e força para órgãos e partes doentes.

Esse poder pode ser despertado pelo esforço mental do praticante, sua sugestão, tratamentos, cerimônias, remédios, etc., e pela força de vontade ou fé do paciente em si. Mas é a mesma força despertada em todos os casos e aquela que faz o trabalho da cura.

Eu, claro, reconheço que é possível a uma pessoa transferir o que tem sido chamado de "força vital" de seu organismo para um paciente enfraquecido, mas essa vitalidade então transmitida apenas adiciona alguma força para sustentar a pessoa até que suas próprias forças mentais façam o trabalho.

No caso de um paciente muito enfraquecido é impossível à mente enviar impulsos corretos ao corpo, porque o cérebro se encontra sem forças devido ao desperdício de poder. É preciso que essa pessoa seja avaliada para obter assistência conduzida por um praticante com vitalidade altamente desenvolvida, até que recupere energia suficiente para continuar o trabalho sozinha.

Em diversos casos de doenças, em particular de desordens funcionais, a força de recuperação do paciente é neutralizada porque sua mente está repleta de pensamentos relacionados ao medo, o que não raro é a causa do mal em si e o impede de usar suas próprias energias de recuperação que lhe foram dadas pela Natureza para esse propósito.

O medo é um veneno que já matou milhões e a preocupação é sua filha mais velha, lutando bravamente por atingir a marca estabelecida pelo pai.

Sempre pensei, a despeito da oposição de outros escritores, que uma grande percentagem das curas atribuídas ao "novo pensamento" foi alcançada não por se fazer algo especial para a cura, mas induzindo-se o paciente a refrear suas preocupações e seus temores e a neutralizar os pensamentos negativos.

Quando o doente "tira o pé do freio" que impôs à recuperação de suas forças mentais, elas começam imediatamente a fluir e segue-se a cura.

É o mesmo princípio que diz que não é preciso pegar uma pá para tirar a escuridão de um quarto, basta abrir a janela e deixar a luz do sol entrar.

Quando as janelas se abrem e se permite que a esperança e a coragem fluam, o medo, a preocupação e o restante dos monstros da escuridão fogem e pensamentos ensolarados logo destroem os micróbios que infestavam o ambiente mental.

Não há mistério especial no modo como as curas do "novo pensamento" são efetuadas. Nada de miraculoso ou espantoso quando se tem conhecimento dos processos da Natureza.

Uma vez evocadas as forças de recuperação ou quando o pensamento errado é freado, a Natureza aumenta a corrente nervosa para a parte afetada.

Este trabalho é feito ao longo de linhas subconscientes, sobre os grandes centros nervosos e sistema nervoso simpático. Este fluxo nervoso é como uma corrente elétrica sendo enviada para as partes daquele grande dínamo, o cérebro.

Esta corrente nervosa vitaliza o órgão ou parte e provoca um aumento da circulação do sangue.

A Natureza constrói corpos por meio do sangue, que, fluindo através das artérias, carrega carne líquida e nutrição para cada parte do corpo, para cada órgão, e parte construindo, reparando, repondo, restaurando, substituindo e nutrindo.

O sangue, em sua viagem de volta ao coração, através das veias, carrega consigo o tecido quebrado, os resíduos e o lixo do sistema, que é queimado e destruído pelo oxigênio tomado nos pulmões e para o qual o sangue é exposto em sua viagem de retorno. Nenhuma parte do corpo, nenhum órgão, pode ser devidamente nutrido e estimulado se não tiver uma corrente nervosa normal e um suprimento adequado de sangue.

Quando a mente de uma pessoa está repleta de preocupação e pensamentos de temor, ou sensações negativas de raiva, malícia ou ciúme, é impossível enviar a corrente nervosa apropriada para as partes de seu corpo;

por isso, a circulação é afetada e a doença começa a se manifestar. Assim que as condições mentais são normalizadas, as do corpo são restauradas. A atividade do coração aumenta diante de certas emoções. As faces ficam rubras ou pálidas. A digestão é prejudicada por certos pensamentos e assim por diante. E o mesmo ocorre em larga escala quando pensamentos inapropriados se tornam habituais. Pensamentos inadequados resultam em uma vida inadequada. Andam de mãos dadas.

Mostre-me os pensamentos de um homem e eu lhe direi o que ele faz, como vive e qual o estado de sua saúde.

Não tenho espaço para lhe dizer como cada pensamento em particular afeta alguém, mas posso seguramente falar que o triste pensamento de medo é o pai de toda a ninhada de pensamentos negativos, e se você se livrar disso, exterminará toda a prole. Ele não apenas gera seus filhos, mas também nutre cada um.

Tire o medo de sua vida.

Agora.

A mente e seus planos

A teoria da dualidade da mente e seus pontos fracos – O homem tem apenas uma mente, mas esta funciona em dois planos, o consciente e o subconsciente – O subconsciente não é a alma, mas apenas um campo da atividade mental – As faculdades superconscientes são a real fonte de conhecimento superior – O pensamento consciente está fresco na mente – O pensamento subconsciente é resultado do pensamento consciente anterior, da pessoa ou alheios – Impulsos e hábitos de pensamento – Os pensamentos conscientes encontram novas condições – Os pensamentos subconscientes lidam com problemas familiares – O homem exibe a mais alta forma de atividade mental consciente – A mente e o espírito humano – A vontade – O segredo do ocultismo oriental – O desenvolvimento revolucionário ainda em progresso.

Vários escritores modernos ousaram explicar a aparente dualidade da mente humana, erigindo para isso teorias elaboradas sobre seu duplo funcionamento.

A LEI DO NOVO PENSAMENTO

Alguns levaram seu raciocínio a extremos absurdos e tentaram esclarecer todos os problemas existenciais através de suas hipóteses acerca da dualidade da mente.

Presumiram que, por ter o homem uma mente capaz de funcionar em duas linhas de esforço diferentes, ele pode, necessariamente, ter *duas* mentes. Alguns estilizaram essas duas mentes, respectivamente, como a objetiva e a subjetiva. Outros preferiram os termos consciente e subconsciente. Outros ainda pensaram que os termos voluntária e involuntária melhor convinham à ideia.

Mas todos presumiram que o homem tinha duas mentes distintas e alguns até as consideraram entidades separadas. Ignoraram o fato de que é quase impossível separá-las. Falharam em estabelecer que as qualidades atribuídas às duas pareciam se mesclar.

Não conseguiram estabelecer onde terminava a objetiva e em que ponto começava a subjetiva. Essas teorias se provaram muito úteis no campo das suposições, permitindo-nos trabalhar rumo a melhores caminhos, mas como solução permanente dos problemas, não foram eficazes em seu propósito.

E enquanto novatos da Nova Psicologia a aceitaram ansiosamente como solução para toda a questão, aqueles que se aprofundaram no assunto acharam necessário considerar tais teorias como hipóteses de trabalho imperfeitas, no máximo.

A ideia de que o homem possui duas mentes é aceita apenas como uma ficção por muitos dos mais criteriosos pesquisadores do assunto. Eles perceberam que o homem tem apenas uma mente, a qual funciona em dois planos de esforços diferentes.

Eu me dedicarei a estabelecer o que considero ser uma explicação razoável do tema. Por necessidade, posso meramente citar os princípios gerais, porque o espaço me impede de entrar em detalhes. Sou compelido a utilizar termos familiares aos que estão habituados à teoria das mentes duplas, mas você perceberá que usarei essa nomenclatura para indicar as variadas maneiras de funcionamento da mesma mente e não para falar que o homem tem duas mentes.

Prefiro os termos "pensamento consciente" e "pensamento subconsciente" aos demais escolhidos por outros escritores para o assunto, porque os considero mais claros e próximos de representar a verdade. Ao leitor que estiver acostumado a relacionar o subconsciente à mente superior ou alma, este capítulo se mostrará confuso e talvez decepcionante.

Pedirei a essa pessoa que suspenda seu julgamento até que tenha estudado com cuidado este e o capítulo seguinte. Conseguirá fazer isso melhor quando se lembrar de que a mente subconsciente, que alguns escritores exaltaram sobre seu irmão consciente, é também citada pelos mesmos autores como sendo a mente que recebe toda sorte de sugestões absurdas no estado hipnótico, vindas da mente consciente de outra pessoa.

Esses mesmos autores falam da mente subconsciente como a alma do homem e no capítulo seguinte nos informam que uma pessoa cujo subconsciente foi desenvolvido à custa do consciente se torna um lunático. Se for verdade, quando a alma de alguém deixar seu irmão consciente e passar ao estágio de pura subconsciência, vai se transformar em louca e a vida futura, em confusão. Essas pessoas estão confundindo meias-verdades com verdades.

Além do que falamos como consciente e subconsciente, há algo superior aos dois, que pode ser chamado de superconsciente.

Eu vou tocar nesse assunto depois que discutir as funções consciente e subconsciente da mente. Não confunda os atributos das faculdades superconscientes com a manifestação das funções subconscientes da mente.

O homem tem apenas uma mente, mas muitas faculdades mentais, cada uma capaz de funcionar através de duas linhas diferentes de esforço mental.

Não há linhas distintas separando as duas funções da faculdade, mas elas se fundem como as cores de um espectro.

Um pensamento consciente de qualquer faculdade mental é o resultado de um impulso direto transmitido no momento do esforço.

Um pensamento subconsciente de qualquer faculdade da mente é resultado ou de um pensamento consciente anterior do mesmo tipo; ou do pensamento consciente de outra pessoa, pelas linhas da sugestão; das vibrações de uma mente para outra; de impulsos de um antecessor, transmitidos pelas leis da hereditariedade (incluindo os transmitidos de geração a geração, do tempo do impulso vibratório original transmitido pela Causa Primitiva em impulsos que se desdobram gradualmente, e se manifestam quando o bom estado de desenvolvimento evolutivo é atingido).

O pensamento consciente é recém-nascido. Fresco como hortelã, enquanto o subconsciente é de criação menos recente e, de fato, frequentemente resultado de impulsos vibratórios transmitidos em épocas passadas. O pensamento consciente faz sua própria jornada, afastando para o lado a vegetação que atrapalha a caminhada e dando pontapés pelo trajeto nas pedras que o obstruem.

O pensamento subconsciente geralmente viaja ao longo de uma estrada sem percalços. Um pensamento impulsivo causado originalmente por um pensamento consciente de uma faculdade pode se tornar, por repetição contínua ou hábito, estritamente automático, no impulso dado pela repetição do pensamento consciente, desenvolvendo uma forte dinâmica que prossegue, através das linhas subconscientes, até ser detida por outro pensamento consciente ou sua direção ser alterada pela mesma causa.

Por outro lado, impulsos de pensamento ao longo de linhas subconscientes podem ser terminados ou corrigidos por um pensamento consciente. O pensamento consciente cria, modifica ou destrói. O pensamento subconsciente prossegue o trabalho dado pelo pensamento consciente, e obedece a ordens e a sugestões.

O pensamento consciente produz o hábito do pensamento ou hábito do movimento, e o transmite para as vibrações que o transportam ao longo das linhas seguintes do subconsciente.

O pensamento consciente também tem o poder de enviar adiante vibrações que neutralizam o impulso do hábito do pensamento. É inclusive capaz de lançar o hábito do "novo pensamento" ou hábito do movimento com vibrações mais intensas capazes de superar e absorver o primeiro pensamento ou movimento e substituir o anterior.

Todos os impulsos de pensamento, uma vez iniciados em seus afazeres, continuam a vibrar ao longo de linhas subconscientes até serem corrigidos ou finalizados por impulsos subsequentes dados pelo pensamento consciente ou outro poder de controle.

A permanência do impulso original acrescenta tempo e força a ele e torna sua correção ou término mais difícil. Isso explica o que é chamado de "força do hábito". Acho que será prontamente compreendido por aqueles que lutaram para superar um hábito que foi adquirido com facilidade. Isso se aplica a bons e a maus costumes.

A moral é óbvia. Muitas das faculdades mentais com frequência se combinam para produzir uma única manifestação. Uma tarefa pode necessitar da combinação de diversas faculdades para ser executada, algumas das quais podem se manifestar por pensamentos conscientes e outras, por subconscientes.

O encontro de novas condições e dilemas chamados ao exercício do pensamento consciente, embora seja um problema familiar, ou tarefa, pode ser facilmente lidado pelo pensamento subconsciente sem a assistência de seu irmão mais empreendedor.

Há uma tendência instintiva na Natureza de organismos vivos a realizar certas ações. Uma propensão a um corpo organizado buscar o que o satisfaça. Isso é algumas vezes chamado de tendência natural ou desejo.

É na verdade um impulso mental do subconsciente originando-se com o impulso transmitido pela causa primitiva, e transmitido pelas linhas de desenvolvimento evolutivo ganhando força e poder conforme progride, cresce e se liberta.

O tipo de vida mais evoluído nesse planeta, o humano, mostra nível de atividade mental subconsciente e consciente mais elevados se comparados aos animais inferiores. Os graus desse poder variam muito entre as diferentes raças humanas.

Mesmo dentro de uma mesma raça, os diferentes graus de atividade mental são claramente perceptíveis e não dependem, por qualquer meio, de cultura, posição social ou vantagens educacionais do indivíduo. Cultura mental e desenvolvimento mental são assuntos muito diferentes.

Você precisa olhar ao redor para ver os estágios diferentes de desenvolvimento da atividade mental do consciente humano. O raciocínio de muitos homens é pouco mais do que atividade mental subconsciente, exibindo pouco das qualidades do pensamento voluntário. As pessoas preferem deixar que outros pensem por elas. A atividade mental consciente as cansa, então acham o processo mental instintivo e automático do subconsciente muito mais fácil. Suas mentes trabalham nas linhas de menor resistência. São pouco mais que ovelhas humanas.

A atividade mental consciente fica confinada a faculdades mais grosseiras em homens rudes e animais inferiores. São atividades ligadas ao plano material, sendo que as de plano mental mais elevado nesse caso trabalham em linhas instintivas e automáticas da função subconsciente.

Conforme as formas de vida inferiores progrediram na escala evolutiva, desenvolveram novas capacidades, que estavam latentes. Essas faculdades sempre se manifestaram como pensamentos subconscientes rudimentares e posteriormente foram trabalhadas, mediante formas subconscientes elevadas, até que o pensamento consciente fosse colocado em operação.

O processo evolutivo prossegue, sendo a tendência invariável em direção ao objetivo de uma atividade mental consciente altamente capacitada. Essa lei de evolução ainda está em progresso, e o homem está começando a desenvolver novos poderes mentais, os quais, claro, estão a princípio se manifestando nas linhas do pensamento subconsciente.

Alguns desenvolveram essas novas potencialidades em um grau considerável e é possível que logo o ser humano seja capaz de exercê-las através das linhas das funções conscientes.

De fato, esse poder foi atingido por poucos. É o segredo dos ocultistas orientais e de alguns de seus irmãos ocidentais. Falaremos a respeito nos próximos capítulos.

A receptividade da mente à vontade pode ser aumentada com uma prática adequadamente direcionada. O que nós temos o hábito de chamar de "fortalecimento da vontade" é na realidade o treinamento da mente para perceber e obedecer ao poder interior.

A vontade é forte o suficiente e não precisaria ser fortalecida, mas a mente necessita de treinamento para receber e agir diante de suas sugestões. O desejo é a manifestação expressa de "quem eu sou".

A corrente de vontade está soprando, com força total, ao longo dos fios das velas espirituais, mas você deve aprender a levantar o mastro para que o navio mental se mova.

Essa é uma ideia diferente das que você deve ter habitualmente recebido dos escritores que versam sobre o poder da vontade, etc., mas está correta, pois você demonstrará sua satisfação acompanhando o assunto através de experimentos seguindo linhas apropriadas.

A atração do Absoluto está puxando o homem para cima, e a força vibratória do Impulso Primário ainda não se esgotou.

Chegou o momento do desenvolvimento evolutivo, quando o homem pode ajudar a si mesmo. Quem compreende a Lei pode realizar maravilhas, por meio do desenvolvimento dos poderes da mente, enquanto o homem que vira as costas à Verdade sofrerá com sua falta de conhecimento.

Aquele que compreende as leis do seu ser mental, desenvolve seus poderes latentes e os utiliza de forma inteligente. Ele não despreza suas expressões mentais subconscientes, mas faz bom uso delas e lhes cobra os deveres para os quais estão mais bem preparadas, e é capaz de obter resultados maravilhosos de seu trabalho, tendo-as dominado e treinado para fazer a oferta do Eu Superior.

Quando não fazem o trabalho corretamente, ele as regulamenta, e o seu conhecimento as impede de se intrometerem de forma não inteligente, fazendo assim mal a si próprio.

Ele desenvolve as faculdades e poderes latentes dentro de si e aprende a manifestá-los ao longo da linha da atividade mental consciente, bem como subconsciente.

Sabe que o verdadeiro homem dentro dele é o mestre para quem tanto a atividade mental consciente como a subconsciente são apenas ferramentas.

Baniu o medo e desfruta de liberdade. Encontrou a si mesmo. Aprendeu o segredo de "Eu sou".

O PLANO SUBCONSCIENTE

Grande parte de nosso pensamento atua pelas linhas do subconsciente – Ilustrações desse fato – O plano de hábito do subconsciente significa por que meio o subconsciente é alcançado – Um armazém de pensamentos – Uma mistura de sabedoria com tolice – Como as faculdades superconscientes se manifestam primeiro ao longo de linhas subconscientes – Um reservatório para a recepção de pensamentos conscientes – A conveniência de um fluxo de fornecimento claro – Autossugestões e afirmações – O pensamento tem origem no plano consciente ou subconsciente? – Minha visão do assunto – Preenchendo o armazém com material adequado – Criando no plano do pensamento – Nossos próprios pensamentos, e não outros – A produção de doenças no plano subconsciente – Pensamentos viram ação – "Como um homem pensa em seu coração, assim ele é".

Estamos tão habituados a pensar na mente trabalhando de forma consciente que é uma grande surpresa quando percebemos que a maior parte do trabalho mental executado por nós se manifesta ao longo de linhas subconscientes.

Temos ciência de muitos dos nossos pensamentos e ações, mas ficamos quase ou totalmente inconscientes de milhares de pensamentos e ações que acontecem a toda hora.

Quando nos nutrimos sob a forma de alimentos, é de maneira consciente, mas o processo de digestão e assimilação é feito inconscientemente, embora o impulso que o provoca venha da mente tanto como se o ato fosse conscientemente executado.

Os alimentos são convertidos em sangue, e este é transportado para todas as partes do corpo, e os vários órgãos e partes são construídos. Tudo inconscientemente.

O coração bate, o estômago digere, o fígado e os rins executam suas funções... inconscientemente. Mas o trabalho é feito de forma precisa, cuidadosa e adequada, sob a direção da mente a trabalhar no plano subconsciente. Estas coisas não correm sozinhas. A mente as controla tão seguramente como se o trabalho estivesse sendo realizado no plano consciente.

E assim acontece com muitas ações que só realizamos com maiores cuidados e problemas no início, mas com as quais depois passamos a lidar quase que automaticamente.

A mulher que opera uma máquina de costura, o pintor que usa o pincel, o operário que utiliza ferramentas, o operador que dirige a máquina. Todos acharam no início que seu trabalho exigia todo seu cuidado e sua atenção, mas depois, uma vez dominados os detalhes, as tarefas puderam ser realizadas quase que automaticamente, funcionando por si sós.

Estivemos muitas vezes concentrados em um estudo e nos esquecemos dos passos que estávamos dando, para repentinamente acordarmos de nosso sonho em plena luz do dia e nos encontrarmos à porta de casa, tendo percorrido o caminho costumeiro inconscientemente.

Tenho visto homens em estado dito "distraído" cruzarem ruas com o máximo cuidado e inteligência, mas totalmente inconscientes do que faziam e que ficariam assustados quando alguém lhes falasse dos riscos que tinham corrido.

A LEI DO NOVO PENSAMENTO

Operários qualificados disseram-me que nenhum homem compreende completamente seu trabalho até ser capaz de realizá-lo quase automaticamente. A pessoa que desempenha a mesma tarefa a cada dia adquire um jeito especial de fazê-la, com apenas um vestígio de esforço ou atenção consciente.

E, no entanto, ninguém o faria pensar em afirmar que seus dedos ou mãos possuem inteligência suficiente para fazer o trabalho sem serem dirigidos pelo cérebro.

O impulso inconsciente vem do cérebro trabalhando no plano subconsciente do esforço, e o trabalho é dirigido de forma tão inteligente como se toda a consciência fosse focada nele.

Isto, claro, só pode ser feito após a mente ter adquirido o hábito de desempenhar essa tarefa específica. Basta ocorrer algo de errado com a máquina para, imediatamente, a mente deslizar de volta ao plano consciente para empreender a correção do problema.

O plano subconsciente da mente é praticamente o plano dos hábitos. Como afirmei no capítulo anterior, o plano subconsciente da mente só pode manifestar (1) algo que tenha aprendido anteriormente com o plano consciente; (2) alguma coisa que lhe tenha sido transmitida por sugestão de outra mente; (3) o que lhe tenha sido comunicado por outra mente, por meio de ondas de pensamento, etc.; (4) algo que tenha sido comunicado de acordo com as linhas de hereditariedade, incluindo impulsos transmitidos de geração em geração, desde o momento do impulso vibratório original transmitido pela Causa Primária, em que os impulsos se desdobram gradualmente e se desenrolam, quando se atinge o estado adequado de desenvolvimento evolutivo.

O hábito mais comum de pensamento ou movimento pode ser ao longo de linhas subconscientes, e se aplica a algumas das recém-despertadas manifestações superconscientes, das quais falaremos mais tarde.

O plano subconsciente é uma curiosa mistura de alto e baixo; sabedoria e idiotice; superstição e a mais elevada filosofia. É um armazém de todos os tipos de mobiliário mental, ferramentas, brinquedos, e sabe-se lá o quê.

Neste plano pode-se encontrar um curioso conglomerado de sabedoria e loucura transmitidas da nossa consciência, herdadas de nossos antepassados, e adquiridas daqueles com quem entramos em contato. Esta coleção está sendo continuamente atualizada.

E isto não é tudo. De vez em quando, alguma faculdade superconsciente é despertada, talvez apenas temporariamente, e não tendo crescido o suficiente para ser absorvida pela consciência, deve se manifestar segundo linhas subconscientes.

Isso fez com que alguns autores falassem do plano subconsciente como se fosse a alma, a mente superior, etc. Quando viram a genialidade e a inspiração manifestadas por meio de linhas subconscientes, imaginaram que haveria uma mente separada detentora de todas as faculdades superiores e lhe deram o nome de "mente subjetiva", "mente subconsciente", etc.

Ficaram tão entusiasmados com as manifestações que ignoraram completamente as tolices e as afirmações disparatadas que aí se encontram. Esqueceram-se completamente de que a chamada "mente superior" estava constantemente receptiva a sugestões e à autossugestão a partir da mente consciente do proprietário ou de alguma outra pessoa.

Eles não pareceram considerar que as faculdades inferiores da mente se manifestam sobre o plano subconsciente, bem como sobre o superior.

O plano subconsciente da mente, portanto, é muito do que foi feito pelo pensamento consciente passado. Um escritor bem conhecido, Henry Wood[17], de Boston, o comparou a "um reservatório ou cisterna para o qual flui um pequeno córrego de pensamento consciente".

Sendo este o caso, verificar-se-á que o máximo cuidado deve ser preservado para manter o fluxo puro e limpo. Se a mente tiver sido poluída ao permitir a entrada de pensamentos negativos, o remédio a ser encontrado é mudar a qualidade do córrego para que fique tão claro como cristal e o corpo de água no reservatório se torne gradualmente mais claro a cada dia, até que fique puro como o próprio riacho.

---

[17] Henry Wood (1834-1909). (N.T.)

E quanto maior a quantidade de pensamento positivo adicionada, mais cedo a cisterna estará purificada. É aqui que a autossugestão desempenha um papel tão proeminente na reconstrução do caráter e no desenvolvimento do homem.

As autossugestões formam um fluxo constante e forte derramando e limpando as águas lamacentas da mente. Se as chamamos de autossugestões, afirmações ou declarações, não importa. São a mesma coisa, sob nomes diferentes.

Houve controvérsia entre pesquisadores sobre se o conhecimento do homem veio a ele primeiro através do plano subconsciente e, em seguida, chegou ao consciente, ou se ele adquiriu conhecimento através do plano consciente e, em seguida, passou para o subconsciente.

Muitos bons argumentos têm avançado por ambos os lados. Pessoalmente, parece-me que os dois estão certos. Muitas coisas que um homem sabe vieram a ele pelo uso de suas funções conscientes da mente, e foram depois passadas para o subconsciente ou plano de hábito.

Outras coisas vieram até ele devido ao desdobramento de faculdades superconscientes, manifestando-se pela primeira vez ao longo de linhas subconscientes e, em seguida, passaram para o campo da consciência.

Então, depois de ter sido bem dominado, o conhecimento foi passado de volta ao plano habitual, ou subconsciência. O homem muitas vezes "sente" que algo é assim, antes que ele "veja" que é verdade; em seguida, depois que ele "viu" e o aceitou intelectualmente, passa-o de volta para o plano do "sentimento", carimbado com o selo de aprovação do plano "visual" da atividade mental.

Eu acho que isso vai ficar mais claro para você depois de ler o capítulo sobre as faculdades superconscientes.

Enquanto o homem avança no plano consciente, sua loja de conhecimento subconsciente torna-se, em grande medida, o resultado de sua própria atividade mental consciente, e menos fruto de pensamentos e sugestões dos outros.

Um homem de raciocínio limitado, que pouco usa seus poderes conscientes de pensar, tem uma loja subconsciente quase inteiramente composta de impressões que ele obteve dos outros. As sugestões e os impulsos de pensamento de outras pessoas compõem quase todo seu estoque de conhecimento.

Ele pensou, mas pouco. Na verdade, mal sabe como pensar por si mesmo, e depende quase inteiramente dos outros para seus conceitos mentais.

Conforme o homem avança em poder de raciocínio, produz pensamentos e ideias cujo resultado guarda no grande armazém de seu subconsciente.

E o tal homem percebe o que ele é. Sente e reconhece a existência do "verdadeiro eu" e começa a criar o plano de pensamento. Ele não é mais um mero autômato; começou a agir por si mesmo. E à medida que progride, esse poder cresce.

Ele faz uso do plano subconsciente do pensamento, mas preenche o armazém com impressões e conclusões novas e frescas, e gradual, mas corretamente, erradica o velho negativo e impressões equivocadas que anteriormente preenchiam sua subconsciência.

Um pensamento vigoroso e positivo, recém-enviado do plano consciente, neutralizará uma dúzia de pensamentos negativos que foram apresentados em sua subconsciência e que têm feito muito para arrastar o homem para baixo, e mantê-lo submerso.

Se não pensarmos por nós mesmos, pensamentos e sugestões de outra pessoa preencherão nosso armazém subconsciente e seremos uma criatura de pensamentos alheios, em vez de termos um estoque próprio de pensamentos originais.

Muitos de nós aceitaram placidamente os pensamentos correntes de medo, superstição, preocupação, doença, pobreza, estreiteza, condenação, intolerância, etc., sem hesitação, e por esse motivo nossa loja mental tem ficado repleta de lixo.

Quando quebrarmos nossos grilhões e nos livrarmos das amarras, ousaremos pensar por nós mesmos e logo começaremos a estocar nossa subconsciência com brilho, novos pensamentos de nossa autoria, e os velhos ditames negativos se verão ultrapassados ou neutralizados pelos positivos que agora estão chegando.

Novos campos de consciência estão se abrindo diante do homem e ele está progredindo rapidamente em conhecimento. Está recorrendo às faculdades superconscientes para adquirir o conhecimento e, após trazer os resultados para o campo da consciência, ele os passa adiante, mentalmente digeridos, para o plano subconsciente, para serem usados sem esforço sempre que necessário.

Tudo o que está em nossa subconsciência tem uma influência contínua sobre nossas vidas, ações, saúde e caráter. Para um homem cuja subconsciência tenha sido preenchida por pensamentos de doença, é a coisa mais fácil do mundo adoecer.

Claro, todo o trabalho de produção da doença está no plano subconsciente e a tarefa é realizada em silêncio, mas com certeza sem seu conhecimento consciente. De súbito, ele se encontra enfermo, sem saber como isso aconteceu.

Quando a pessoa muda de postura e começa a enviar pensamentos saudáveis para a subconsciência, descobre que não está mais se sentindo perturbado pelas queixas antigas que faziam da vida um fardo. A subconsciência não tem mais os materiais antigos para trabalhar e, por isso, começa a usar outras matérias-primas que, em vez de produzir doença, constroem um corpo forte e saudável.

Se você tiver em mente a ideia de que a subconsciência é um grande armazém cheio de pensamentos que você lhe enviou a partir do plano consciente, e que os pensamentos estão constantemente se manifestando em ação, você será cuidadoso em selecionar melhor o que deverá ser enviado para lá, e guardado.

Você recusará a admissão de pensamentos negativos surgindo em sua própria mente, bem como sugestões adversas dos outros.

O que você acharia de um homem deitado sobre um estoque de suprimentos para o inverno que enchesse seus porões com alimentos venenosos, capazes de produzir doenças e até levar à morte?

Você o acharia pior do que um insano, não é mesmo?

E isso é exatamente o que muitos fazem. Há galpões mentais com coisas impuras, venenosas, mortais, objetos imundos, todos os quais têm, mais cedo ou mais tarde, o potencial de ferir. Fora com eles. Expulse-os.

Preencha seus lugares com os pensamentos fortes e saudáveis com os quais você se familiarizou através do "novo pensamento".

Lembre-se de que os pensamentos viram ações. Sendo verdade, que tipo de pensamento você deseja que tome forma dentro de você, e através de você?

Faça-se essa pergunta e tenha atitudes adequadas.

Quando você se encontrar pensando sobre algo, indague: "Eu quero que este pensamento se transforme em ação?". Se a resposta for "sim!", siga adiante. Se for "não!", pare de pensar nisso imediatamente e comece a trabalhar em assuntos opostos.

Lembre-se de que um pensamento positivo sempre neutralizará um negativo. Por pensamento positivo quero dizer um relativo a coragem, esperança, destemor, determinação. Por exemplo: "eu posso e eu vou".

Por pensamento negativo, algo relacionado a medo, preocupação, ódio, malícia, doença, do tipo: "não posso", " tenho medo".

"Como um homem pensa em seu coração, ele assim é", é verdade, porque uma pessoa é, em grande parte, o resultado de seu armazém de pensamentos subconscientes. E esse armazém é dependente, em alto grau, do que o pensamento consciente fez disso.

Você está deitado em seu suprimento de pensamentos, e estes, mais cedo ou mais tarde, tomarão a forma de ação.

Tenha cuidado com a sua escolha.

O melhor não é bom o bastante para você, e é tão barato quanto o de grau inferior.

Use um pouco de bom senso e selecione uma boa oferta do melhor que houver no mercado.

As faculdades do superconsciente

Faculdades além do domínio da consciência – Latentes mas não desdobradas – Faculdades superconscientes que não fazem parte de uma mente subconsciente, embora se manifestem frequentemente ao longo de linhas subconscientes – A distinção entre os pensamentos subconscientes e os das faculdades superconscientes, acima da consciência, não abaixo dela – Desenvolvendo faculdades superconscientes – O subconsciente contém apenas o que foi colocado nele – A superconsciência contém conhecimento até agora não revelado ao Homem – O que as superconsciências revelam ao Homem – O que revelaram – As Verdades mais importantes são reveladas dessa maneira – Os poderes psíquicos superiores latentes dentro das superconsciências – Produtos com alma vêm das faculdades superconscientes – O lugar de residência do Espírito – O Espírito e seu domínio – O reconhecimento do Espírito.

Há na mente humana muitas capacidades que estão além do reino da consciência. Parecem ser faculdades latentes que, de tempos em tempos, são reveladas.

Não temos o verdadeiro conhecimento de algumas dessas potencialidades, no momento presente. Alguns poucos homens evoluídos, de várias épocas, têm tomado consciência, e muitos de nós estão tendo agora vislumbres ocasionais. Mas ainda não vejo claramente, e isso não ocorrerá até que o processo de desdobramento tenha progredido ainda mais.

Outras faculdades superconscientes, que já foram escondidas do homem, foram reveladas, e cada vez mais estamos tomando conhecimento de sua existência.

Muitos escritores têm tratado dessas faculdades como uma parte do que eles chamaram de "mente subjetiva" ou a lei do "novo pensamento", "mente subconsciente", etc., mas um pouco de reflexão mostrará que a mentalidade subconsciente contém apenas o que foi colocado lá pelo plano consciente da mente: as sugestões dos outros, sejam verbais ou por transferência de pensamento, hereditariedade, etc., ou pela reflexão dessas faculdades superconscientes antes de se desdobrarem no plano consciente.

A mentalidade subconsciente contém apenas o que foi colocado lá, enquanto as faculdades superconscientes apresentam o que o ser humano nunca conheceu antes, consciente ou subconscientemente.

Assim como o campo subconsciente de atividade mental está abaixo da consciência, essas faculdades superconscientes ficam acima da consciência.

E assim, como o que está no plano consciente de hoje será passado para o subconsciente amanhã, muito do que agora está trancado nas faculdades latentes superconscientes será transferido no futuro para a consciência.

Muito do que agora faz parte do nosso cotidiano era, em um estágio anterior da evolução do homem, parte de sua superconsciência e depois migrou para a consciência, então foi mentalmente digerida, assimilada e passada para o plano subconsciente.

Uma pessoa pode, através de concentração, meditação e outros meios de desenvolvimento espiritual às vezes acordar algumas das potencialidades superconscientes latentes, das quais receberá impressões e conhecimentos que será capaz de usar.

Muitas pessoas denominadas místicas e ocultistas, tanto do Oriente quanto do Ocidente, foram capazes de realizar esse processo, mas a maioria de nós tem de se contentar com os brilhos ocasionais, ou reflexos fracos, da luz que vem do desdobramento das faculdades.

Algumas dessas faculdades não desabrocharão até que o homem tenha atingido um plano superior de evolução espiritual; outros estão apenas começando a se transformar, outros estão apenas começando a se desenvolver, e ninguém, exceto o mais avançado, tem algum conhecimento deles, enquanto outros estão agora bem encaminhados no desdobramento, e um número maior de pessoas está se tornando consciente dessa revelação a cada ano.

Alguém que desce às profundezas de sua subconsciência encontra apenas o que foi armazenado ali. Só isso é o suficiente para lhe dar um conhecimento maravilhoso do passado, do processo de evolução, de informações muito diversas guardadas, coisas há muito esquecidas pelo consciente. Alguns dizem que mesmo uma memória de vidas passadas pode ser obtida ali por aqueles que sabem como a procurar.

Mas tudo o que pode ser resgatado a partir da subconsciência é o que foi alocado ali. Em contrapartida, aqueles que foram capazes de pegar um brilho dos tesouros que repousam nas faculdades superconscientes sabem que o conhecimento pincelado está acima da experiência humana.

É o vislumbre de um mundo desconhecido. Uma iluminação.

O homem que teve a visão do saber contido em algumas das potencialidades superconscientes é um homem transformado. A vida não é mais a mesma. Se antes acreditava, ele agora sabe.

No melhor dos casos, o pequeno campo de consciência conhecido pelo homem médio, mesmo que a ele possa ser acrescentado todo o campo do subconsciente, é apenas pequeno e mesquinho. A maioria das coisas que são as mais importantes estão fora de seu âmbito, e seu único conhecimento a respeito lhe chega como um reflexo da superconsciência.

É claro, a consciência tem evoluído, desenvolve-se em virtude do desabrochar das faculdades superconscientes, mas o homem apenas tocou na borda exterior da superconsciência.

O homem não pode dizer, através do exercício de suas dimensões conscientes, se existe um Deus; o fato não pode ser aprendido pela mentalidade consciente, mas o leve vislumbre da superconsciência a faz "sentir" que existe um Deus, e à medida que avança, ele compreenderá esse sentimento.

Assim é com a questão da imortalidade da Alma.

A consciência não pode provar, no entanto, a superconsciência nos faz perceber a verdade do que não podemos provar ou ver. E, todavia, essas duas questões excedem em importância quaisquer outras antes de nós. Todos os nossos princípios éticos, nossa moral, nossos planos de vida se baseiam nesses dois fatos, que não conhecemos por causa da nossa consciência, mas sentimos que se devem ao desdobramento gradual da superconsciência.

Conforme este desenvolvimento prossegue, nossas ideias a respeito de Deus tornam-se menos rudes e infantis. Passamos a vê-Lo como uma presença muito maior do que alguma vez sonharam nossos antepassados, que Nele projetavam um homem magnificado, mas com todos os defeitos humanos, falhas, fraquezas e limitações.

E o homem do futuro terá um conceito tão mais elevado do que o nosso, como o nosso é mais evoluído que o do selvagem. Assim prossegue este desenvolvimento, e com ele nossa certeza da imortalidade se fortalece. Torna-se mais uma questão de saber do que acreditar. Em alguns de nós, o desdobramento se aproximou do campo da consciência, e há os que têm despertado para um estado de consciência de imortalidade.

Basta parar para pensar por um momento, e considerar de onde vêm nossos sentimentos de justiça, misericórdia, amor, simpatia, bondade. Não da velha consciência, certamente. O intelecto não nos diz essas coisas.

Por que deveria o homem demonstrar amor ou camaradagem ou bom coração ao outro, se a inteligência sozinha decide a questão? Por que nem todos os homens estão atentos e deixam seu irmão morrer de fome e sofrimento? Por que você não deveria pisar em seu irmão na lama e levar seus pertences? Há alguma coisa no intelecto frio que lhe diga para fazer o contrário?

Não há nada. Nada! Então por que você não faz essas coisas?

A lei do novo pensamento

Eu lhe digo o porquê. Porque não pode. Dos recessos de sua alma viria um protesto. Você não raciocina sobre o assunto, mas ouve sua voz interior, vê a luz que vem do desdobramento da superconsciência.

Você pode dizer que todos os homens sempre tiveram esses sentimentos, e que não se percebe o que o desenvolvimento da superconsciência tem a ver com a pergunta.

Pare por um momento! Será que o homem sempre foi assim? A simpatia humana foi sempre tão marcada como hoje? Foram os homens sempre tão generosos em seu amor como atualmente? Não! É uma evolução gradual, uma abertura constante. Estamos um pouco mais fraternos que os bárbaros em alguns aspectos, mas crescendo conforme o desdobramento prossegue, e dentro de algum tempo nos será impossível fazer algo que nos parece perfeitamente natural hoje em dia.

Daqui a alguns anos os homens olharão para trás com espanto para nosso histórico de guerra, derramamento de sangue, assassinato, extermínio e tudo o mais, e perguntarão como um povo com nosso intelecto e desenvolvimento foi capaz de ter passado por isso.

Eles verão nossos atos tal qual nós contemplamos os crimes da arena da Roma Antiga. E nossa desumanidade econômica e social para com nossos irmãos parecerá horrível aos homens e às mulheres do novo tempo.

Isso soará estranho a eles, pois terão chegado a uma fase de aprimoramento espiritual em que será simplesmente impossível tomarem atitudes que hoje parecem perfeitamente naturais e inevitáveis para nós. Para eles, a irmandade humana não será um sonho ocioso, mas uma verdade viva do cotidiano, trabalhada em sua vida. Não poderão evitá-la porque virá com a evolução.

Dessa região do superconsciente vem aquilo que não é contrário à razão, mas que está além. Essa é a fonte de inspiração da iluminação. A região a partir da qual o poeta obtém sua inspiração; o escritor, seu dom, o vidente, sua visão, o profeta, seu conhecimento.

Muitos têm recebido mensagens dessa natureza, vindas dos recessos da superconsciência, e pensam terem ouvido a voz de Deus, dos anjos, dos espíritos, mas apenas vieram de dentro deles mesmos. Nessa região estão as fontes da intuição.

Algumas dessas faculdades superconscientes são mais elevadas que outras, mas cada uma tem seu papel a desempenhar.

Muitos dos poderes psíquicos superiores estão latentes dentro da região do superconsciente. Alguns de nós são capazes de utilizar esses presentes em maior ou menor grau, mas para todos, exceto para alguns, esta utilização está sempre mais ou menos no plano inconsciente.

Os poderes de manifestação psíquica são difíceis de serem manifestados quando assim o desejamos. Mas com prática e crescimento estes presentes são trazidos para o reino da consciência, e somos habilitados a usá-los tal como utilizaríamos qualquer outra habilidade da mente ou do corpo.

Quando a pessoa atinge este poder, domina forças maravilhosas, e terá à sua disposição instrumentos e ferramentas com os quais poucos sonham.

É uma disposição sábia da Lei esse uso dos poderes que o homem não deve adquirir enquanto não estiver preparado. Quando for a hora apropriada, possuirá sabedoria suficiente para não os usar indevidamente.

À proporção que as habilidades psíquicas superiores amadurecem, as faculdades espirituais também o fazem, tornando assim impossível para o possuidor utilizar seu novo achado de força de maneira imprópria.

A pessoa que aspira a altos poderes psíquicos deve primeiramente estar com as mãos e o coração limpos. Na verdade, o próprio fato de procurar o poder em nome do poder já demonstra que não está na posse legítima desses dons. Só quando ela não se preocupa com o poder é que o poder vem até ela. Estranho paradoxo... maravilhosa sabedoria.

Este campo de superconsciência é uma fonte da mais alta felicidade para o homem que reconhece sua existência, e que se abrirá ao conhecimento que dela provém, embora a faculdade ainda não esteja totalmente revelada. (Você compreende que o desdobramento completo de uma faculdade dessas a leva totalmente ao campo da consciência, e ela deixa de ser uma faculdade superconsciente e passa a pertencer à nossa mentalidade consciente.)

Muitos homens receberam mensagens de seu íntimo que surpreenderam o mundo. Diversos poetas, pintores, escritores, escultores têm agido com base em inspirações vindas de sua superconsciência.

Certos poemas, textos, quadros, estátuas têm um apelo indefinível que nos faz sentir sua força, algo que está ausente em produções originadas por mero esforço mental.

Alguns de nós têm o hábito de dizer que tais produções têm "alma", e estamos muito mais perto da verdade do que percebemos quando pronunciamos essas palavras.

Há escritores que satisfazem o intelecto, mas não conseguem fazer o leitor "sentir", enquanto bastam alguns versos ou um conto de certos talentos e o mundo ficará entusiasmado com a mensagem.

Isto também é verdade para quem contagia a audiência com algumas palavras simples vindas diretamente do seu íntimo, enquanto um orador muito mais polido atrai apenas um interesse intelectual.

Nossas potencialidades superconscientes são nosso único meio de comunicação com o "centro da vida", com poderes superiores. Através delas chegam as mensagens para a Alma.

Há momentos em que, através destas faculdades, nossa visão penetra para além dos limites da personalidade, e nossas almas se misturam e comungam com o Divino.

Através dos canais do superconsciente nos familiarizamos com o "eu verdadeiro" e nos tornamos conscientes de quem somos. Mediante as mesmas fontes fazemos conexão com a unicidade das coisas, que é nossa relação com o Todo. Por meio delas, asseguramo-nos da existência e presença de Deus, da imortalidade da Alma.

As únicas respostas para as questões essenciais da vida e da existência são recebidas por esses canais. Nos recessos mais íntimos da superconsciência encontra-se o lugar de descanso da Alma, o santo dos santos. Ali habita a Centelha Divina, que é nossa herança mais preciosa de Deus, o que queremos dizer quando falamos do "Espírito".

É a alma da alma, o centro do "eu verdadeiro". As palavras não podem transmitir uma ideia do verdadeiro significado do Espírito. Para isso seria necessário compreender Deus.

Pois é uma gota no oceano espiritual, um grão de areia das margens do infinito, uma partícula da chama sagrada. É para onde está indo essa parte de nós, em direção ao pleno reconhecimento e consciência, todo este processo de evolução, crescimento, desenvolvimento e desdobramento.

Quando aprendemos a reconhecer a existência e a realidade do espírito, ele responde nos enviando lampejos de esclarecimento e iluminação. À medida que se cresce no desenvolvimento espiritual, a pessoa se habitua a essa voz interior e aprende a distinguir mensagens dos diferentes planos de aprendizagem da mente e a seguir suas indicações, permitindo que trabalhe através dele para o bem.

Alguns homens se desenvolveram tanto na compreensão espiritual que vivem agora a vida do Espírito. São liderados pelo Espírito.

O Espírito está influenciando todos nós muito mais do que estamos cientes, e pode nos levar a uma realização consciente de sua liderança se nele confiarmos e olharmos em sua direção em busca de iluminação.

Não posso tentar ir adiante neste assunto, pois é algo para o qual não se encontram palavras para bem descrevê-lo. Aqueles que despertaram para isso, entenderão o que quero dizer, e os que ainda não foram sensibilizados para tal simplesmente não me compreenderiam se eu tentasse afirmar um imenso sentimento interior estranho à sua experiência.

O Espírito é aquele dentro do homem que mais se aproxima do "centro", está o mais perto possível de Deus. E quando se está a um toque consciente do Divino, sente-se a proximidade com a "presença universal" e o toque da mão invisível.

Muitos de vocês, que leram estas palavras, tiveram em suas vidas momentos conscientes da estranha presença do desconhecido. Estes podem ter acontecido enquanto se dedicavam a pensamentos religiosos; quando liam um poema com uma mensagem de uma alma para outra; quando estavam deslumbrados diante do mar com uma sensação de grandeza diante do

Universo; em alguma hora de aflição, quando palavras humanas pareciam apenas zombar de sua situação; em um momento em que tudo parecia perdido e foram forçados a procurar conforto em um poder superior.

Mas não importa como ou quando essas experiências chegaram até você, não havia engano quanto a sua realidade, não duvidando do sentido duradouro de paz, força e amor do qual se tornou consciente.

Naqueles momentos você esteve certo do espírito que habitava seu corpo e de sua relação com o "centro". Através do espírito, Deus se revela ao homem.

A QUESTÃO DA ALMA

De onde venho? Para onde vou? O que eu sou? Qual é o objetivo da minha existência? – Perguntas – Indagadas em todas as idades, neste e em outros mundos – Questões absolutamente sem resposta para a maioria dos homens – A luta pela liberdade – Escalar a montanha do conhecimento – A tarefa iniciada, mas não finalizada – A fome espiritual – Pão, não pedras – A necessidade é a justificativa dos meios para satisfazê-la – O intelecto não responderá ao Enigma do Universo[18] – A resposta deve vir de dentro – Do íntimo – Do desenvolvimento da consciência espiritual – Da fé inteligente que conhece e não meramente compreende – Regiões inexploradas da Alma – Não contrária ao intelecto, mas além dele – Um novo mundo de conhecimento se abriu diante do olhar mental – Alegria insuperável.

"O que eu sou? De onde venho? Para onde vou? Qual é o objetivo da minha existência?"

---

[18] O termo *"World Riddle"*, ou Enigma do Universo, refere-se à natureza do Universo e ao significado da vida. Por cerca de cem anos a expressão foi associada a Friedrich Nietzsche (que mencionou *Welträthsel* por várias vezes em suas obras) e ao biólogo e filósofo Ernst Haeckel, que escreveu o livro *Die Welträthsel* em 1895–1899, ou *Die Welträtsel* (*"The World-riddles"*), com a versão em inglês publicada sob o título *The Riddle of the Universe*, 1901. (N.T.)

A LEI DO NOVO PENSAMENTO

Essas perguntas têm sido feitas por pessoas de todas as idades, países e climas. E se os incontáveis mundos que rodeiam os milhões de sóis no Universo são habitados, e eu acredito que sejam, essas perguntas foram feitas por lá e talvez tenham sido respondidas por alguns dos habitantes de mundos em que a vida se manifesta de formas mais elevadas do que as que ainda alcançamos neste domínio.

Todos os homens se colocaram essa questão, isto é, todos aqueles que atingiram a fase em que suas mentes reconheceram que existia um problema, pois muitos parecem desconhecer a existência de um enigma; sua visão mental não é suficientemente clara para reconhecer que há algo que precisa de uma resposta.

Para a maioria de nós, a indagação permanece absolutamente sem esclarecimento. O menor detalhe da indagação continua por ser resolvido. Choramos em voz alta em agonia, gritamos ao infinito um pedido para que algo nos seja dito, mas nada acontece a não ser o eco desesperado de nosso próprio chamado.

Como o poeta de forma tão patética expressou:

O que sou?
Uma criança chorando à noite;
Uma criança chorando pela luz;
Sem linguagem a não ser um pranto.

Somos como o esquilo na gaiola, que se esgota ao percorrer o longo caminho da roda, apenas para encontrar a si mesmo ao final da sua viagem, exatamente onde começou. Ou, pior ainda, como o pássaro selvagem recém-engaiolado, nós nos chocamos muitas vezes contra as barras de nossa prisão mental, em nossos esforços por ganhar a liberdade, até finalmente estarmos fracos e sangrando, imóveis no cativeiro.

Temos procurado escalar a montanha do Conhecimento, instados pelo pensamento do lugar de descanso feliz, no cume. Temos trabalhado exaustivamente pelos lados íngremes e pedregosos, e finalmente, com as mãos sangrando e os pés cansados, corpo e mente exaustos pelos nossos esforços, alcançamos o topo e nos congratulamos no final de nossa tarefa.

Mas quando olhamos em volta, vemos que nossa montanha é apenas um sopé da montanha acima de nós, a qual se eleva cada vez mais, e então vemos, cordilheira após cordilheira, as verdadeiras montanhas, com picos mais altos escondidos entre as nuvens.

Sentimos fome de conhecimento espiritual, que transcende a de alimento. Procuramos dessa maneira o pão da vida e não o encontramos. Nós pedimos esta autorização, para termos o alimento para a alma, mas nada nos foi dado a não ser a pedra dos dogmas e dos credos.

Finalmente, afundamos e nos sentimos exaustos. Não havia pão, era tudo uma ilusão e uma vontade, o desejo da mente. E choramos. Mas nos esquecemos de que, assim como a fome do corpo subentende que em algum lugar há algo capaz de a satisfazer, também a fome da mente sugere que existe um local em que se encontra nutrição mental...

Por isso, o simples fato de essa alma estar faminta é uma indicação segura de que em algum lugar existe o necessário, que o "Absoluto" tem a intenção de satisfazê-la.

A carência é a prova da possibilidade do seu cumprimento. O problema é que temos procurado fora aquilo que só podemos encontrar dentro. "O Reino dos Céus está dentro de vós."

Se preferir tentar resolver o problema da vida, o Enigma do Universo pela investigação científica, por meio de um raciocínio exato, do pensamento formal, da demonstração matemática, por todos os preceitos, siga esse método.

Você terá a lição sobre o poder e as limitações do intelecto humano. Viajará em círculos de pensamentos e descobrirá que apenas cobriu o terreno vezes sem conta. E se encontrará em um beco da lógica.

Depois de ter batido suas asas contra a gaiola do desconhecido, e caído ferido e exausto, após ter feito tudo de que seu intelecto é capaz, e assim aprendido a lição, ouça a voz interior, veja a pequena chama que arde constantemente e não se pode extinguir, sinta-a dentro de seu peito e deixe-a evoluir.

Você então começará a compreender que, à medida que a mente do homem se desenvolve, por fases lentas, desde a sensação até a simples consciência, da simples consciência à autoconsciência (em seu mais baixo e mais elevado grau), há então uma consciência reservada ao homem (e alguns poucos a atingem), mais alta do que até agora se imaginou, e que começa a se manifestar.

Você então compreenderá que pode haver uma fé inteligente que sabe, e não apenas acredita. Essas e outras lições que aprenderá com o tempo.

Conforme avança na linha do desdobramento espiritual, você encontrará outras fontes de conhecimento, aparentemente à parte do intelecto, embora, na realidade, aliadas a ele. Descobrirá que há regiões da Alma até agora inexploradas, onde será convidado a entrar.

Descobrirá que poderá ganhar conhecimento sobre estas grandes questões que desafiam seus esforços intelectuais, e embora a informação não chegue até você pela porta do Intelecto, não será repugnante a ele nem contrária, mas estará além de seu alcance.

Em vez de alcançar o ego através dos portais do intelecto, parecerá vir de uma fonte superior, da razão superior, e será então transmitida para o intelecto, para que este último a possa assimilar e combinar com o que já tem armazenado.

Descobrirá que tem um novo mundo de conhecimento aberto diante de seu olhar mental e se alegrará com a visão. E, quando tiver chegado à fase em que se sente as motivações da "razão superior", e for capaz de viver de acordo com isso, dirá com Edward Carpenter[19]:

Olhai! O poder curativo que desce de dentro, acalmando a mente febril, espalhando a paz entre os nervos sofridos. Olhai! O salvador eterno, o procurado por todo mundo, habitante escondido (a ser revelado) dentro de cada um... Ó, a alegria insuperável.

---

[19] Edward Carpenter (1844-1929), poeta britânico. (N.T.)

O Absoluto

Deus gerou o Universo – O Universo não tem fronteiras nem limites – Deus se manifestou em cada átomo – A causa sem causa – O intelecto e seus problemas – O homem pode espiritualmente conhecer a realidade de Deus – Os homens têm diferentes conceitos de Deus – Os atributos de Deus, onipotência, omnisciência e onipresença, e sua explicação – O "pai e mãe" – As ideias aparentemente contraditórias em relação a Deus, reconciliadas – As manifestações de Deus: matéria, energia e espírito – Todos os homens adoram realmente a um único Deus, embora aparentemente venerem muitos – Um Deus pessoal sem limitações de personalidade – Deus que se manifesta no Espírito infinito – Em energia infinita – Em matéria infinita – O homem crescendo na consciência de Deus – Cada vez mais próximo de Ti, meu Deus – Todos são filhos de Deus, com uma parte de Seus atributos.

Deus gerou e governa pela Lei aquilo que chamamos de Universo. E esse Universo não é a coisa pequenina que muitos de nós têm considerado. E não tem a Terra como centro, com o sol, a lua e as estrelas a circular a sua volta, tudo concebido para contribuir para o conforto e bem-estar dos habitantes daquela mancha de sujeira, a Terra. É um Universo, cuja própria ideia não pode ser apreendida pela mente humana. É infinito. Não tem fronteiras, nem limites.

Todas as partes do espaço estão cheias de manifestações do "Absoluto". Existem inúmeros sóis, cada um com seu sistema planetário. Mundos surgem todos os dias, e diariamente outros deixam de existir. Quando digo que aparecem e somem, quero dizer, claro, que estão mudando de forma, reunindo-se ou sendo dissolvidos. Não há destruição na Natureza, mas mudanças.

O homem, em seu egoísmo, imaginou ser a forma de vida mais elevada, e este pequeno grão, a Terra, o único pedaço de matéria contendo vida.

Quando ele perceber que há milhões e milhões de mundos contendo vida em formas superiores ou inferiores, quando compreender que esta velha Terra é apenas como um grão de areia sobre a costa marítima do Universo, quando notar que em outras esferas existem seres tão superiores a si mesmo, sendo ele mais evoluído do que uma ameba, então começará a dimensionar sua insignificância comparativa e a grandeza de Deus.

E assim, ao perceber estas coisas, passará a ter aquela consciência espiritual que lhe mostrará estar em uma longa viagem com possibilidades maravilhosas à sua frente. Perceberá que, a cada avanço, ao longo do caminho assumirá novos poderes, nova inteligência e atributos que o tornarão como um deus se comparado a seu estado atual. Embora a grandeza e a magnitude que possa atribuir a si mesmo comparado a Deus seja, em uma analogia, como um pequeno grão de areia brilhante comparado ao próprio Sol.

Deus se expressa em cada átomo de matéria, de energia e de inteligência. Suas manifestações, embora aparentemente inumeráveis, são todas simplesmente demonstrações diferentes de uma mesma coisa. Há uma unicidade na manifestação de Deus, revestida de incontáveis formas e aparências. Nós somos expressões do poder de Deus, limitados, é verdade, mas ainda assim em constante crescimento, impelidos para o alto, pela atração vinda de cima e evoluindo para uma realização da nossa relação com todas as outras demonstrações de Deus, e com Deus em Si.

Deus existe, sempre existiu, e sempre existirá. É a única coisa no Universo que não tem uma causa anterior. É sua própria causa. A causa das causas. A causa sem causa.

O intelecto humano, sem ajuda, é incapaz de aceitar a ideia de algo sem uma causa, ou de uma causa sem outra anterior. Porque adere à doutrina da lei universal de causa e efeito, e considera impossível abandoná-la ou admitir que exista uma única exceção a essa lei, uma vez que essa situação a violaria.

O intelecto é forçado a assumir uma destas alternativas: (1) que há uma primeira causa, ou (2) que a cadeia de causa e efeito é infinita. E qualquer das conclusões deixa o intelecto em uma pobre posição, porque caso se admita uma primeira causa, sua cadeia de causa e efeito é quebrada, e se, pelo contrário, se pressupõe que a cadeia de causa e efeito é infinita, fica-se satisfeito com o fato de que uma coisa que não tem começo não pode ter causa, além do quê, como o infinito não pode ser compreendido pela mente finita, tem, em seu esforço por evitar a admissão de que não consegue explicar os fatos, dar uma explicação que ele próprio não pode aceitar. Pobre intelecto!

É o instrumento de trabalho mental mais valioso que o ser humano tem, mas quando comete o erro de supor que se "transforma no homem" em vez de ser apenas uma de suas ferramentas, coloca-o em uma posição ridícula.

O ser humano não vê as maravilhosas possibilidades que tem diante de si quando, misturado com o pensamento que emana dos planos superiores da alma, produz resultados agora dificilmente sonhados, exceto por aqueles que alcançaram os planos superiores da consciência.

O intelecto tem suas limitações, mas nem por isso devemos perder a confiança nele, nem aceitar o que é dito por outros contrariamente ao que achamos. Aceite a decisão de sua inteligência, a menos que receba a Verdade da consciência superior, que nesse caso não será contrária ao intelecto, mas apenas irá além, ensinando aquilo que este não consegue captar sozinho, e depois apelando à razão para fazer sua parte do trabalho na execução da tarefa mútua. A crença cega é muito diferente da inspiração; não as confunda.

Sinto-me seguro em dizer que o intelecto, sem ajuda, é incapaz de captar a ideia de uma causa sem causa, mas nossa consciência superior está a par da existência do que a razão não consegue captar.

O fato de a inteligência não conseguir aceitar uma causa sem origem, não quer dizer que tal coisa não exista. O cego não consegue imaginar ou compreender a cor, mas ela existe. O peixe no fundo do mar não pode imaginar objetos em terra, no entanto essas coisas existem. Nem poderia um homem formar um conceito mental do açúcar, se nunca tivesse visto ou provado algo doce. É tudo uma questão de experiência ou consciência, e sem estas coisas nada pode ser compreendido.

O intelecto, reconhecendo todas as suas limitações, é capaz de decidir assuntos dentro de seu próprio domínio. Quando chega a altura de sabermos a respeito de temas fora da alçada da inteligência, descobrimos que temos estados de consciência mais elevados do que até agora consideramos possível, e somos capazes de fazer uso deles.

No plano intelectual da consciência, tudo de que temos qualquer conhecimento tem uma causa anterior; todo objeto, um criador. E consequentemente o intelecto, sem ajuda, é incapaz de formar um conceito mental de algo sem uma causa, a coisa sem um criador. Isto porque não teve a experiência daquilo, e não tem consciência de sua existência. Portanto, o homem nunca poderá formar um conceito intelectual de Deus.

Ele pode acreditar em Deus, porque se sente consciente da sua existência, mas não consegue, através do raciocínio, explicar ou compreender o mistério.

Admitirá que Deus o criou, mas não pode responder à pergunta da criança: "Mas quem fez Deus?" E no entanto é incapaz de formar um conceito mental de algo sem causa, sem um criador. Para sua garantia da existência de Deus ele deve recorrer a uma fonte superior de consciência.

Muitos homens acreditam em Deus porque lhes foi dito que ele existe. Outros sentem uma fraca percepção de sua existência. Poucos atingiram uma consciência; simplesmente sabem.

Conforme o homem cresce em consciência espiritual, também evolui para reconhecer mais e mais claramente a realidade de Deus. A partir da crença cega a um vislumbre da consciência, depois a uma concepção, em seguida ao amanhecer de uma realização, depois ao conhecimento do seu ser e então a um fraco entendimento da Lei, e assim por diante.

Deus não é conhecido através da razão, mas da consciência superior. E depois de ser visto desta forma, o intelecto começa a reconciliar os objetos em seu plano para a nova concepção. Até que o homem saiba tudo, terá necessidade de sua inteligência para usar como ferramenta, em conexão e em harmonia com sua fonte superior de conhecimento.

Para alguém que sente que Deus existe, nenhum argumento contrário é útil; e para o homem que não o sente, nada o fará criar a sensação.

É algo que deve vir do íntimo, não do exterior. Não falo de qualquer concepção especial de Deus. Alguns homens que o chamam de "Natureza" têm uma ideia mais elevada de Deus do que outros que pensam em Deus como um ser com todas as limitações de um homem.

As nomenclaturas não importam; é a concepção que mostra qual o grau de consciência divina que se possui.

A humanidade tem tido toda sorte de ideias sobre Deus, variando desde a do pau, da pedra ou da árvore, até a imagem esculpida, o sol, ser antropomórfico, até conceitos superiores. Mas todos os homens que alguma vez adoraram a um Deus, seja uma pedra, um ídolo, o sol, Joss, Baal, Brahma, Buda, Ísis, Júpiter, ou Jeová, adoravam em realidade àqueles vislumbres da "causa sem causa", com imagens distorcidas pelas imperfeições da visão mental ou espiritual do adorador.

Os deuses do homem primitivo parecem muito pequenos para nós e, para os deuses de seus sucessores, mostram apenas uma ligeira melhoria. De fato, alguns desses últimos foram possuidores de atributos menos desejáveis do que o ideal. Já se disse que o Deus de um homem é simplesmente uma imagem ampliada dele próprio, possuindo todos os atributos do espectador.

Isso é apenas outra forma de dizer que o conceito que o homem tem de Deus não é senão um reflexo do seu próprio estado de consciência espiritual e desenvolvimento mental.

Um objeto se torna maior à medida que nos aproximamos dele. Assim, parece que Deus cresce conforme chegamos mais perto. E no entanto, em ambos os casos, a mudança não está no objeto, mas em nós.

Se você conhece a ideia que um homem tem de Deus, sabe o que ele é, ou o estágio de crescimento a que chegou.

A mais elevada ideia que o homem tem de Deus traz consigo atributos de onipotência, omnisciência, onipresença. Muitas pessoas o admitem e utilizam estes termos com leveza, sem ter a mais tênue concepção de seu verdadeiro significado. Vejamos o que essas palavras trazem e então talvez possamos compreender melhor o que queremos dizer quando falamos: "Deus".

Onipotente significa todo-poderoso, com plenos poderes. Isto, claro, significa que Deus está possuído de todo o poder, que todo o poder emana Dele. Não algum poder, mas todo; não há outro, daí todo o poder é de Deus.

Isso não deixa nenhum espaço para qualquer outro poder no Universo e, portanto, todas as suas manifestações devem ser formas de poder divinas, quer chamemos os resultados dessa manifestação de "boas" ou "ruins". É tudo poder de Deus.

Omnisciente significa que sabe tudo; sabedoria plena; ver tudo. Significa que Deus é possuidor de todo o conhecimento, que Ele sabe de tudo; não há lugar que não possa ver. Nenhuma coisa que não saiba, nada que não compreenda na íntegra. Se há a menor coisa que Deus não saiba, que Ele não veja, que não entenda, então a palavra é sem sentido.

Deus conhece, vê e compreende todas as coisas, e assim deve ser, por toda a eternidade. Um ser assim não pode cometer erros, nem mudar de ideia, não pode agir mal ou cometer injustiças.

A sabedoria infinita Lhe pertence.

Onipresente significa sempre presente, em todos os lugares, ao mesmo tempo. Significa que Deus está presente em todo o espaço, em todas as coisas, todas as pessoas, em cada átomo. Se isto não for verdade, então a palavra não tem sentido. E se Deus está em tudo, não há espaço para o restante. E se isto for verdade, então tudo deve ser uma parte de Deus, uma parte de um Todo-Poderoso.

Assim, vê-se que essas palavras que utilizamos leve e descuidadamente significam muito. Quando podemos ver e sentir o significado dessas três palavras, então começamos a compreender algo sobre a grandeza de Deus.

Não podemos compreender com nossas mentes finitas mais do que partes aparentes desta grande verdade, mas estamos crescendo.

Se aceitarmos estas três palavras, atributos de Deus, onipotência, omnisciência e onipresença significando exatamente o que querem dizer, abriremos nossa mente a um maravilhoso influxo de conhecimento sobre a natureza do que chamamos de Deus.

Nós somos capazes de ver harmonia onde a desordem reinava, unidade onde a divergência estava presente, paz onde o conflito se manifestava.

Receberemos uma inundação de luz sobre o assunto, iluminando lugares antes envoltos em escuridão, tornando claros e compreensíveis muitos dizeres obscuros.

Com a compreensão dessas palavras, veremos que Deus é a soma de todo o conhecimento, e que não podemos sequer imaginar que Ele ignore o menor aspecto ou o maior problema. Ele sabe tudo o que é para ser conhecido, tudo o que pode ser.

Veremos também que detém todo o poder; que não pode haver espaço além disso, pois Ele tem todo o poder que existe ou possa existir. Não podemos conceber nenhuma força opondo-se a isso. Todo o poder deve ser vestido em Deus e toda a sua manifestação provir Dele.

Nós veremos também que Deus, estando em toda a parte, deve estar presente em todas as coisas, pessoas, lugares e em nós. Veremos que Deus habita no mais humilde objeto, que todos somos partes da totalidade, do

Universo de Deus. Pequenas partes, é verdade, mas ainda partes, e até a menor porção é cara ao coração do todo.

O todo é a soma das suas partes, e as pessoas e coisas são apenas componentes dele. E nenhuma parte pode ser maior do que o todo ou igual a ele; e o todo é a soma da grandeza de todas as suas partes, as que acreditam e as que não.

E nós, que acreditamos, não podemos compreender os que não estão conosco e fazem de nós uma gota no oceano.

Todas as coisas estão compreendidas na ideia de Deus espírito, mente, matéria, inteligência, movimento, força, vida, amor, justiça. Essa ideia de Deus, a causa sem causa, tem sido mantida por homens de todas as nações, tribos, raças, países, climas, idades. O sábio, vidente, filósofo, profeta, sacerdote, cientista, de todos os tempos e povos, aqui e ali, dispersos, viram essa verdade, reconheceram a existência do "todo", cada qual expressando o pensamento por uma palavra diferente.

O homem religioso chamou a este conceito de "Deus"; o filósofo e cientista, de a "causa primeira" ou "o Absoluto"; o materialista, de "Natureza"; o cético, de "Vida". E os seguidores dos diferentes credos chamaram-no de várias formas como Jeová, Buda, Brahma, Alá, e de muitos outros nomes.

Mas todos eles significavam a mesma coisa: Deus. E este grande "todo", do qual somos parte, como devemos considerá-lo? Não com medo, certamente, pois por que uma parte deveria temer o inteiro? Por que razão o átomo mais humilde do corpo do Universo temeria a alma que dirige e governa o corpo? Por que deveria a circunferência temer o centro?

Quando percebemos exatamente quem somos, e que relação temos com o todo, sentimos que "o amor expulsa todo o medo". Por ele "em quem vivemos, e nos movemos e temos o nosso ser".

Ao falar de Deus, neste livro, escrevi a palavra em letras maiúsculas para indicar que me refiro a um nível mais amplo, maior e em concepção mais grandiosa do Supremo, do Absoluto, do "sem causa" em contraposição à ideia antropomórfica de Deus, um ser com todas as limitações, inteligência finita e ideias, paixões e motivações infantis de um homem.

Quando me refiro à ideia antropomórfica de Deus, a um Deus portador de um nome, escrevi a palavra da forma habitual, com as palavras ele, dele, etc., não porque o considero como sendo masculino ou mais parecido com o homem do que com a mulher, mas apenas porque assim é mais conveniente. Deus não tem sexo.

Ou talvez fosse melhor dizer que ele combina dentro de si mesmo tanto os elementos do pai quanto da mãe que aparecem separadamente em suas manifestações. Esta ideia de conceder a Deus o atributo masculino é provavelmente explicada pelo fato de o homem primitivo considerar a mulher um ser inferior, preferindo pensar em seu Deus como sendo ele próprio, um macho.

Mas a mente humana se revoltou instintivamente contra esta ideia, e encontramos muitas raças criando para si conceitos de divindades femininas que reinam em ligação com a masculina. A Igreja Católica sentiu isso, e o alto lugar concedido à Virgem Maria foi evidentemente a expressão dessa concepção da verdade.

Lembro-me de ouvir falar da história de uma mulher católica que estava em grandes dificuldades e que tinha procurado o altar da Virgem Santa para conforto. Um protestante, não compreendendo, lhe perguntou por que não rezava diretamente a Deus. Ela respondeu: "Sinto-me bem quando rezo à Virgem Santa. Ela é uma mulher e pode me compreender melhor".

Quando nos lembramos de nossos apuros, na infância, nós nos recordamos que preferíamos levar os problemas à nossa mãe e não ao pai, então podemos compreender este sentimento, e apreciamos melhor o motivo que inspira o adorador católico.

O ser humano não consegue saber praticamente nada da natureza interior de Deus nesta fase de desenvolvimento. Está apenas começando a ter consciência de sua existência ou realidade. Apenas iniciando o aprendizado do que significa a "vida única", de ver Deus por meio de suas manifestações. Para alguns a ideia de Deus parece ser a de um grande poder impessoal, algum imenso, infinito e eterno princípio.

A outros Deus aparece como um Deus "pessoal". Para a primeira classe, a ideia de atribuir uma personalidade a Deus soa quase como um sacrilégio, a limitação de um princípio ilimitável, uma ideia pertencente à infância da raça humana.

Para a segunda, o pensamento de Deus como "princípio" parece roubar-lhe todo o sentimento, amor, compaixão e compreensão. Como se fosse a concepção de uma força cega como a eletricidade, luz, calor, gravidade, etc., e suas almas se revoltam ao pensamento. Eles gritam porque estão sendo roubados de seu pai amoroso, cuja presença sentiram, de cuja proximidade estiveram muitas vezes conscientes.

Ainda outra classe, a dos materialistas, vê o "Absoluto" como matéria infinita e eterna, da qual brotam todas as coisas de que todo o resto é apenas um atributo ou manifestação. Este ponto de vista, embora aparentemente satisfatório para os que se agarram aos ensinamentos do materialismo, é muito repugnante para os que sentem que a matéria é a forma mais crua das manifestações de Deus.

Por mais estranho que pareça a quem não compreendeu a "verdade", todas estas opiniões são parcialmente corretas e, no entanto, nenhuma delas o é inteiramente. O paradoxo divino se manifesta aqui.

Aqueles que tiveram um vislumbre da verdade, sabem que o próprio Deus está além da mais alta concepção da mente humana da atualidade.

Também sabem que Deus se manifesta de três maneiras diferentes:
1. substância ou matéria;
2. energia ou força;
3. espírito, inteligência ou mente.

Todos esses termos são insatisfatórios, mas matéria, energia e espírito são as melhores palavras disponíveis para tentarmos explicar o inexplicável.

Deus, em suas três manifestações, nos dá o espírito infinito e eterno; energia infinita e eterna; matéria infinita e eterna.

Aos que preferem pensar em Deus como sendo pessoal, a manifestação do espírito infinito e eterno é a que apela mais fortemente e satisfaz os anseios de suas almas. Àqueles cujos intelectos se recusaram a considerar a concepção de Deus como pessoa, e que no entanto não estão dispostos a pensar que não são mais do que manifestações da matéria, a energia infinita e eterna lhes traz as respostas demandadas pelo intelecto.

E para as pessoas cujos corações já não anseiam pela crença em um pai divino, e que apenas enxergam a matéria como a causa de toda vida, a substância infinita e eterna aparece para explicar tudo.

Quando percebemos que não importa se somos materialistas, ocultistas ou crentes ortodoxos, porque estamos todos, na realidade, à procura da mesma "causa sem causa", Deus, como visto através de algumas manifestações em particular, deixaremos de encontrar falhas e abusos uns nos outros.

Veremos que somos todos filhos do mesmo pai, irmãos e irmãs olhando para este pai como fonte do nosso ser e nossa força e conforto. Vamos ter então, pela primeira vez, a ideia real da paternidade de Deus e da irmandade dos Homens.

O selvagem que se curva a alguns pauzinhos e penas, os pagãos que se inclinam diante da imagem esculpida, os adoradores do sol que veneram o centro glorioso desse sistema, o homem primitivo que ama ao Deus que não pode ver, e cujo Deus é apenas um reflexo de si mesmo, o homem que desenvolveu e adora a um alto ideal de um Deus pessoal, os seguidores do judaísmo, bramanismo, budismo, islamismo, confucionismo, taoismo, das diferentes seitas da igreja cristã em todas as suas muitas e variadas formas... todos adoram a sua concepção de Deus, todos sentem a força motriz da atração por Deus, sabem instintivamente que Ele existe, embora suas mentes o vejam através de vidros embaçados ou límpidos, de acordo com seu desenvolvimento, mas todos fazendo o melhor que podem.

E o cientista que se vê confrontado com aquilo a que ele chama de a "primeira causa", Natureza... e o materialista que vê a matéria como assunto único têm seus rostos voltados para Deus.

Deus é tudo o que se pode conceber de um Deus pessoal, e muito mais. Ele é o Deus pessoal sem as limitações da personalidade. Ele compreende tudo aquilo que adoramos procurar em um Deus pessoal, e muito mais.

É o Deus que sempre veneramos, mas agora que estamos mais perto vemos que é muito maior, mais grandioso e divino do que alguma vez o tínhamos imaginado. Ele é tudo o que podíamos desejar, e ainda mais.

Ele combina o amor do pai, da mãe, do irmão, da irmã. Sim, o amor de cada relação humana, e no entanto esses atributos são apenas como um átomo de sua capacidade de amar. Na manifestação do espírito, Deus preenche todas as nossas expectativas, desejos, esperanças e, depois, de longe os transcende.

O finito não pode começar a compreender o amor do infinito.

E Deus, em sua manifestação de energia, demonstra toda energia e poder que podem ser concebidos pelo homem, e além.

Toda energia e poder são Deus. Ele é onipotente, desdobramento.

E Deus, em sua manifestação do Espírito, é onisciente. Possui todos os conhecimentos. Não pode haver conhecimento fora dele próprio, pois é a soma de todo conhecimento e sabedoria. Jamais comete erros, não muda de ideia, não se arrepende, não aprende, sabe e sempre soube.

Quando na manifestação da matéria, é onipresente...

Sua substância está em todo lado, e não há outra. O materialista está correto quando afirma que a matéria é onipresente, presente em tudo, mas erra quanto ao que lhe está subjacente, em relação a seu manifestante.

O metafísico, o ocultista e o cientista físico chegaram na mesma fase. A partir de seus pontos de vista divergentes veem que o Espírito, a energia e a matéria (ou como os cientistas chamam, inteligência, força e substância) são infinitas e eternas.

Muitos concordaram com este ponto e têm sido incapazes de analisar mais a fundo. Declararam que existem esses três princípios no Universo, e que não conseguiam raciocinar mais para trás. Têm razão, mas não conseguem ver que estas coisas não são causas, mas a manifestação da causa única, Deus.

Não podemos formar a mais tênue ideia de Deus a não ser através de suas três manifestações e suas combinações. Estamos somente alcançando a fase de desenvolvimento mental em que começamos a compreender um pouco essas ocorrências e suas leis.

Iniciamos um processo para nos beneficiarmos de nosso parco conhecimento no intuito de fazermos uso de algumas formas maravilhosas de energia que descobrimos.

Temos, por enquanto, apenas a informação mais elementar dessas manifestações de Deus, e podemos continuar por milhões de anos e ainda estar na fase do jardim de infância. E até que possamos compreender o significado e a natureza destas incríveis apresentações de Deus, não podemos esperar e nem sequer imaginar o que está por detrás disso, o próprio Deus.

E por que tentar investigar o insondável nesse momento?

Por que lutar pelo domínio da matemática superior da vida, quando estamos apenas tentando aprender que dois e dois somam quatro? Que loucura.

Que aprendamos tanto sobre essas manifestações quanto pudermos. Vamos adquirir o conhecimento mais amplo que está chegando para nós, vindo de fora e de dentro, e nos alegremos. Olhemos para os mundos que ainda temos a conquistar; os tempos de alegres descobertas que estão à nossa frente, e fiquemos contentes. Gritemos aliviados porque finalmente encontramos o caminho; vamos viajar confiantes, com coragem e otimismo.

Não choremos, agora que descobrimos que Deus é muito maior do que alguma vez sonhamos. Não vamos sentir que foi afastado de nós, porque não é esse o caso.

Uma vez como nossos novos posicionamentos, veremos que conforme nossa ideia de Deus evoluiu, nós próprios crescemos na mesma medida.

Percebamos que, com a consciência da existência de Deus, ganhamos a percepção de nossa proximidade com Ele, de fazermos parte do "todo", de não termos sido meramente criados por Deus, mas sim gerados por Ele como possuidores de um átomo do seu Espírito, uma porção da sua substância, uma partícula do seu poder de ser Ele e não apenas uma parte. E conforme crescemos, desdobramo-nos e nos desenvolvemos, adquirimos uma parte maior de todos os seus atributos, conhecimento, poder, e comando sobre o espaço.

Lembremo-nos de que somos gerados por Ele, e como a criança possui todas as qualidades do pai de uma forma menos desenvolvida, assim também nós, filhos de Deus, temos uma partícula de cada um de seus atributos. Pense nisso por um momento, e depois lembre-se de que estamos em evolução.

> *Tu, grande e eterno infinito, o Todo Grandioso e sem limites.*
> *Teu corpo é o Universo, teu Espírito é a Alma.*
> *Se preenches a imensidão, se és tudo em tudo;*
> *Se estiveste aqui antes de mim, eu não estou aqui absolutamente.*
> *Como eu poderia viver fora de ti? Encheste a terra e o ar?*
> *Certamente não há lugar para mim fora de tudo.*
> *Se tu és Deus e tu preenches a imensidão do espaço,*
> *Então eu sou de Deus, pensa como quiseres*
> *Ou então não tenho lugar.*
> *E se eu não tenho lugar, ou se não estou aqui,*
> *"Banido" não posso certamente estar, pois estou em algum lugar.*
> *Então devo ser uma parte de Deus, não importa se sou pequeno;*
> *E se eu não fizer parte dele, esse Deus não existe.*
>
> *Anônimo*

A UNICIDADE DE TUDO

Há somente um – As manifestações de Deus são aparentemente inumeráveis, mas na verdade são apenas uma – Unidade universal – Centro e circunferência – Os raios do centro alcançam todas as partes do círculo – Alto e baixo, bonito e hediondo, exaltado ou depravado; tudo uma parte do todo – A separação, uma ilusão – Deus é o único estandarte da perfeição – A individualidade não denigre, mas engrandece – Começando a compreender – A verdade em toda parte – O pecado reside na crença de que há separação – Há leis invariáveis em curso – A consciência fundamental da religião – A presença universal – A unidade de tudo explica os mistérios psíquicos, as relações entre pessoas e coisas – A empatia humana está em crescimento – O destino para onde a raça humana está viajando.

"Há somente um." As manifestações de Deus são aparentemente inumeráveis, mas do ponto de vista cósmico, tudo é uma só coisa, em última análise.

A mente não consegue captar por inteiro esta ideia sem a ajuda de símbolos, ou figuras de linguagem. O homem do conhecimento cósmico está consciente desta unidade, mas não pode expressá-la claramente por palavras a outros. A mente cria um símbolo em uma tentativa de expressar o indizível. Os místicos têm tentado mostrar esta ideia de unicidade através de um símbolo, um círculo com um ponto central, com raios que emanam do meio alcançando a extremidade, tocando a circunferência em todos os pontos.

O círculo representa a unidade universal, o ponto central ilustrando a presença, a inteligência e o poder de Deus, rodeado por suas emanações.

Este símbolo é inadequado, pois o círculo representado tem dimensões, o que significa que existe algo fora dele. Já as emanações de Deus não têm medidas, limites e não há nenhum exterior. Tudo está incluído e nada é deixado de fora.

E, no símbolo, os raios que emanam do centro têm espaços entre eles, deixando uma parte descoberta pelos raios, enquanto na realidade os raios centrais tocam e cobrem cada parte do Universo emanado; não há lugar, pessoa ou coisa sem contato com o centro, sem comunicação com Deus.

O amor, a presença, o poder e o espírito de Deus alcançam a todos, e ainda são uma parte dele, tal como os raios do sol se espalham em todas as direções e ainda são partes do sol. Mas qualquer símbolo, figura de linguagem ou forma de expressão é inadequada. O inexprimível não pode ser traduzido. O finito não pode exprimir o infinito.

Tudo é um. A coisa mais bela, a mais odiosa, a corrente de ar que dá vida à fonte de cristal, o veneno mais mortífero, a bela montanha, o vulcão destruidor, o homem espiritualizado, o bêbado inchado na sarjeta; o mestre que ensina e vive a mais alta verdade, o assassino à espera da forca, o tipo mais nobre de mulher, o morador malicioso da calçada, a pomba inofensiva, a cobra venenosa... todos estão incluídos no círculo.

Nenhum é deixado de fora... nada pode ficar ausente. Devemos incluir o mais baixo, bem como o mais alto. Em outros planos de vida são criaturas radiantes tão superiores quanto o homem, como o conhecemos, uma vez o homem ser mais elevado que a ameba. E ainda em outros mundos são formas de vida inferiores a qualquer uma vista por nós. E estão igualmente incluídos.

Todos estão na forma circular elementar. São uma unidade conosco, o mais alto e o mais baixo. E os mais altos sabem, e não retrocedem no relacionamento, nem o homem que vê a Verdade. Tudo é um só. E um é o todo. A separação é apenas uma ilusão, um sonho da consciência não desenvolvida.

Conforme o homem se aprofunda no conhecimento cósmico, ele vê a loucura da ideia de separação, ou exclusão, da condenação, de qualquer diferença real entre partes do todo.

Ele vê degraus e graus, estágios de crescimento, planos, mas nenhuma diferença real em última análise. Enxerga que somente Deus é perfeito, que todo o restante é apenas relativo.

A aproximação com o centro faz com que suba na escala. E quanto mais longe do centro o objeto está, mais baixo em escala relativa aparece. Porém, mais alta ou mais baixa, é uma parte do todo, algo gerado por Deus. O único padrão de perfeição é Deus.

Cada um é parte do todo. Não apenas uma parte, mas uma parte intimamente relacionada com, e ligada a todas as outras partes. E tudo em movimento contínuo, avançando constantemente, em progresso, desenvolvendo-se, desdobrando-se, aproximando-se do centro.

A vida toda está no caminho. E à medida que a parte avança pelo percurso, torna-se cada vez mais consciente de sua conexão com todos e com o centro, e sente cada vez mais que não existe a separação, e sim a união das coisas.

Esta consciência é a prova da fase do trajeto que foi alcançada pelo viajante... o marco no caminho.

A percepção da individualidade não diminui. Ao contrário, aumenta e é engrandecida, ganha mais substância. O viajante vê sua relação e ligação com uma maior e crescente parte do todo até que, bem mais adiante no trajeto, perceberá sua proximidade com todas, e nesse momento a sensação de separação sumirá e nunca mais retornará.

O viajante pode descansar por longos períodos durante o percurso, até passear pelas veredas e estar aparentemente perdido, mas ele nunca retrocede e se afasta, e sempre regressa.

Quando alguém começa a ver as coisas como elas são, rapidamente vê a compreensão e a empatia se ampliarem dentro de si. Preconceitos caem um após o outro até que sua visão fica clara. Começa então a entender. Vê nos outros o que está em si mesmo. E em si o que há nas outras pessoas.

Perde o sentimento de superioridade e deixa de condenar. Sente pena, mas não condena. Adquire uma perspectiva mais ampla em relação aos motivos dos homens, suas fraquezas e tentações. Ele os vê como companheiros de viagem no caminho, alguns um pouco à frente, outros levemente atrás, umas pessoas tropeçando e se sujando com a poeira e o lodo da estrada, mas todos viajando em direção ao mesmo lugar.

Observa alguma verdade em todas as ciências, religiões, filosofias, mas sabe que nenhuma a domina totalmente. A verdade é demasiadamente grande para ser mantida em um só local, ou com uma pessoa apenas. Todos têm seu bocado. Quando nos apercebemos disto, fica patente a loucura das brigas, ciúmes, condenações, preconceitos e amargura entre pessoas de crenças diversas e aderentes a diferentes credos. Pois se reconhece que todos olham a verdade sob diferentes pontos de vista e cada um faz o melhor que sabe para relatá-la tal como a veem.

Conforme a sensação de separação diminui, o mesmo acontece com a impressão de oposição e de diferença. Aos quem têm este sentido de unidade, o mundo se expande imensamente, de fato, para um só, o Universo passa a ser o mundo, e tudo o que nele está se assemelha à própria pessoa.

Todos os homens são seus irmãos, todos os lugares, sua casa, todos os prazeres são seus, toda dor é sua (embora, na realidade, não haja dor alguma), toda vida, sua vida.

Sente-se próximo de tudo: homem, besta, planta, mineral, tudo faz parte da unidade. E como tal, percebe que o que se chama de "pecado" surge da sensação de separação, da falta de reconhecimento da união de todos.

Quando o ser humano perceber finalmente que tudo é um, e que o sentimento de separação não passa de ilusão, achará impossível o pecado. A relação entre os homens será então ajustada com base na unicidade e a injustiça será considerada inadequada.

O sentido de separação é o responsável pelas desgraças humanas como a miséria, o egoísmo, a falta de irmandade. Em um dia vindouro, a lei da humanidade terá sobrevivido a tal inutilidade, e isso tudo será esquecido.

A lei divina da unicidade será escrita no coração dos homens e se transformará em um guia infalível. O bem-estar de um será o de todos. A paternidade de Deus e a irmandade do homem serão verdades vivas e princípios de ação. Haverá apenas um código de ética e de moral, e este será gravado no coração das pessoas.

Em toda a parte do Universo com a qual estamos em contato, percebemos que estão em vigor leis invariáveis, iguais em toda parte. Desde a forma mais humilde de vida até a mais complexa, todas estão sujeitas à lei. E pelo que sabemos da unicidade de tudo, estas mesmas leis estão em vigor em todo o Universo, em tudo mesmo.

Os sóis, rodeados por seus sistemas, obedecem ao mesmo comando que controla os movimentos do mais ínfimo átomo da matéria.

Tudo é um, e no entanto a variedade de manifestação e expressão é infinita. Cada uma é parte do todo, e no entanto o todo se exprime de forma diversa. A experiência em separado da parte compõe a expressão do conjunto.

Os homens diferem nos detalhes, mas no essencial estão de acordo. Pegue todas as formas de religião e as avalie. O que você encontrará após descartar o material sem valia? Simplesmente uma consciência, vinda de dentro, de que existe, por trás de todas as coisas e em tudo, uma Presença Universal que ama o que dele emanou.

Esse é o fundamento da religião. Que mais se pretende? Todo o restante foi construído à sua volta pela ignorância, presunção e desejo humanos de governar seus companheiros através de uma demonstração de conhecimento superior.

Em torno dessa centelha divina o artesanato sacerdotal construiu templos destinados a abrigá-la, mas que na realidade quase a deixaram fora de vista.

Derrubem as obstruções e olhem sem medo e sem impedimentos para a luz do Espírito.

Então, enquanto o ser humano olha para a luz, ele evolui, consciente de que todo o Universo está impregnado por essa Presença Universal, de que a inteligência superior tudo sabe e de que o poder supremo está em operação por todo lado. Porque tudo é um, tudo é uma emanação de Deus.

Quando esta ideia de unicidade de vida é reconhecida, começa-se a compreender as maravilhosas relações entre pessoas e coisas, os mistérios psíquicos da telepatia, transferência de pensamento, clarividência e outros fenômenos desse tipo.

Tudo o que está incluído no que chamamos de "novo pensamento" só é compreensível quando esta ideia de unicidade é absorvida. Muitos lugares obscuros são iluminados, dizeres ásperos compreendidos, fatos difíceis assimilados e absorvidos, porque reconhecemos esta ideia de união.

Simpatia humana, amor, afeto, piedade, compaixão, ternura, amor fraterno, humanidade. O homem evolui, seus sentimentos positivos também. No início, preocupava-se apenas consigo mesmo; depois também com sua família; em seguida a tribo foi incluída; mais adiante foi a vez da confederação de tribos, do principado e, finalmente, de sua nação, nações amigas, nações com as quais entrou em contato e assim sucessivamente, até que finalmente se sentirá irmão de toda a humanidade e as guerras entre diferentes povos não acontecerão mais.

Conforme cresce na ideia de unicidade, inconscientemente no início, ele desenvolve mais simpatia. Avança na escala e seus sentimentos se expandem, preconceitos desaparecem.

Este é o ponto para o qual a raça humana está caminhando. Alguns indivíduos deram um pequeno passo à frente, e são considerados visionários pela massa. Outros caíram para a retaguarda, e o povo os julga bárbaros e desprovidos de bondade.

Mas todos estão seguindo adiante. O alarme do egoísmo soou, um dia melhor está amanhecendo para a humanidade em sua marcha de progresso. O dia da paz e da irmandade universal podem parecer distantes, mas está se aproximando.

Em meio ao ruído do materialismo, do amor fugaz, do egoísmo e da ganância, há outra nota a ser tocada. E não é barulhenta, mas clara e forte, e está em constante aumento de volume. Os homens estão se detendo para ouvir e se perguntando o que significa.

Em breve descobrirão que a nota límpida vibra através deles, e se reunirão em torno do padrão aclamado por essa nota. E o som será tão perspicaz e cativante que legiões de egoístas deixarão cair seus braços e serão irresistivelmente atraídos.

Não é um sonho, mas uma profecia do futuro. Ninguém pode escapar. Pode vir com dor e sofrimento, mas virá. A nota está soando. Ouçam-na. Está crescendo e ganhando potência.

Em breve ocupará o mundo. E quando alguém a ouvir, compreenderá, e esperará ansiosamente pelo dia em que será possível depor as armas com as quais tem lutado contra seu irmão, não só no campo de batalha, mas no mercado.

Saudará com alegria o dia seguinte, quando será libertado da luta, de sua tentativa constante de roubar seu próximo, e ao mesmo tempo evitar que outro irmão o assalte. Irá bendizer o dia em que o amor, e não o medo, governará. Essas coisas se realizarão por causa da consciência da unidade de tudo que se desdobra na mente dos homens.

É difícil, quando evoluímos, ver a loucura de todo este egoísmo e a luta de irmão contra irmão, e no entanto nos encontramos incapazes de fugir disso. Ninguém pode escapar até que todos estejam libertos, mas cada um que cresce em sentimento e compreensão fortalece um exército em crescimento, o qual, mais cedo ou mais tarde, será a maioria.

Um dia, a raça humana ficará surpreendida em descobrir quantos dos seus estão prontos para a nova empreitada, e será um momento de um grito alegre de libertação porque a luta conjunta terá terminado. Que esse dia chegue logo.

Nesse dia, os ensinamentos e a filosofia de Cristo serão considerados viáveis e praticáveis, e o Espírito das lições do Mestre serão vividos à altura. Os homens já não temerão viver essas mensagens que agora professam acreditar mas consideram inviáveis como princípios de vida.

Então, o "Sermão da Montanha"[20] será capaz de se realizar e a "Regra de Ouro"[21] estará no coração e na mente de cada um. Com a consciência da unidade de tudo vem a verdadeira concepção da missão do Cristo, e a crença em seu cumprimento final.

---

[20] "O Sermão da Montanha" é um discurso de Jesus Cristo que pode ser lido no Evangelho de Mateus (Caps. 5-7) e no Evangelho de Lucas (fragmentado ao longo do livro). Nessas falas, Jesus Cristo profere lições de conduta e moral, ditando os princípios que normatizam e orientam a vida cristã. (N.T.)

[21] "The Golden Rule", a "Regra de Ouro": "Tudo quanto, pois, quereis que os homens vos façam, assim fazei-o vós também a eles" (Mateus, 7:12) (N.T.)

A IMORTALIDADE DA ALMA

O homem está, e será – A vida continua – O "eu" é a alma – As mais elevadas e mais baixas formas de vida – Vida em diferentes planos – Metempsicose ou Reencarnação – Uma visão mais elevada do assunto – A alma existe há tempos – Progride de formas inferiores para as mais elevadas e continua em evolução – Teorias não são fundamentais quando a consciência de imortalidade é alcançada – Vivendo o presente – Lei universal – Os conceitos do homem mudam conforme ele cresce – Somos crianças em termos de compreensão, se comparados àqueles que atingiram planos mais elevados – Anjos e Arcanjos – O Universo preenchido com formas de vida em diferentes estágios de desenvolvimento – O homem é apenas uma manifestação da alma em um estágio específico do desenvolvimento – Paulo, o místico, e sua visão.

O homem é. Ele vive e sempre viverá. Não pode morrer.

Aquilo a que chamamos de morte não passa do sono em que mergulhamos à noite, e do qual emergimos pela manhã, revigorados, alegres, e fortalecidos.

É uma perda temporária de consciência, nada mais. E a vida é uma progressão contínua, de desdobramento e desenvolvimento. Não há rupturas súbitas, nem mudanças surpreendentes ou transformações miraculosas. Tudo está em crescimento constante.

Para muitos que acreditam que viverão além da sepultura, parece que algo a que chamam de "minha alma" surgirá das ruínas do seu corpo e viverá para sempre. Aos que possuem a consciência espiritual despertada, um conceito diferente se apresenta. Eles sentem que a consciência de quem "eu sou" é forte dentro de si e sabem que, independentemente do que possa acontecer ao corpo, o "verdadeiro eu" continuará vivo.

Eles sabem que aquilo a que chamam de "eu" é a alma, e não são enganados pelo pensamento de que a alma é algo que deixará de existir depois do "eu" quando se deitar na morte. Pare e pense por um momento.

Há diferenças entre os dois conceitos. Toda a questão depende desta distinção. A alma não é uma coisa à parte. É você. Você é a alma.

> *"Senhor de mil mundos eu sou",*
> *E reino desde o início dos tempos;*
> *E noite e dia em oscilação cíclica*
> *Passarão, enquanto suas obras eu analiso.*
> *No entanto, o tempo cessará, antes de eu me libertar,*
> *Pois eu sou a Alma do Homem.*
>
> *Orr*[22]

É você quem vive para sempre, não alguma coisa intangível que começa a se desenvolver a partir da hora da morte. Essa pessoa, você, é quem está vivendo eternamente agora e sempre. Isto é Eternidade, desde já. Muitos de nós, antes de evoluirmos a uma melhor compreensão, sentimos que a existência atual não tem consequências, que é miserável e que a verdadeira vida só começará quando estivermos livres do corpo e nos tornarmos espírito.

---

[22] James Orr (1770-1816), poeta irlandês. (N.T.)

Ora, mas você sempre foi um espírito. É verdade que tem um corpo feito de carne e que, em algum momento futuro, você não ficará tão sobrecarregado. Mas pode estar certo de que se possui um corpo é porque precisa dele, porque nesta fase de crescimento ele é indispensável ao seu desenvolvimento. Quando superar a necessidade de um corpo, você será libertado.

E depois, há corpos e corpos. Aqueles entre os homens que, em todos os tempos, mantiveram viva a chama do conhecimento esotérico, ensinaram isso em outros planos de existência, outros mundos, nos quais havia seres com corpos muito mais etéreos que os nossos. E em planos inferiores de vida, seres cujos corpos eram mais materializados e grosseiros do que os que nos foram fornecidos.

Ensinaram-nos que quando vivermos as experiências terrenas e estivermos adequados a um estágio superior, passaremos a um plano de vida mais evoluído e encarnaremos em corpos adaptados à nossa fase mais adiantada de desenvolvimento.

Também falaram que, antes de encarnarmos na Terra, habitamos outro lugar, utilizando naquela época corpos adaptados ao nosso desenvolvimento, muito inferiores aos que temos agora.

O corpo é sempre o instrumento da Alma, à qual é dado o que melhor se adapta a seu estágio de evolução.

Algumas escolas ensinam a doutrina da metempsicose, ou reencarnação, como é mais genericamente designada. Acreditam que após a morte regressamos para ocupar outro corpo terrestre, ao qual somos chamados pela lei da atração ou do carma.

Sempre vi muito sentido nesta ideia, embora eu também sinta que alguns de seus defensores forcem demais essa tese. É indiscutível que na teoria da reencarnação encontre-se a explicação possível para as desigualdades e injustiças aparentes da vida. É a única teoria que se enquadra com justiça. Mas aceitar que a vida é apenas uma ronda de repetidas reencarnações terrestres em corpos tal como os conhecemos aqui na Terra, seria assumir uma visão estreita do assunto.

Acredito que a Alma exista há tempos. Creio que sempre tenha estado presente como uma parte do Todo, e se manifestou como uma entidade separada, aparentemente. Existe por um tempo incalculável, atuando em diferentes formas de expressão, das inferiores às mais elevadas, sempre em progresso, em evolução. Creio que continuará a progredir e a se desenvolver durante os tempos, a partir de formas mais baixas para as altas, e depois para as mais elevadas.

O homem que se desdobrou o suficiente para ter um vislumbre do que está escondido em sua Alma consegue ver um pouco à frente dos seus semelhantes. É capaz de furar a escuridão por um curto espaço de tempo, mas para além disso ele não consegue enxergar.

Alguns têm sido capazes de compreender verdades aparentemente muito além do entendimento da multidão, mas mesmo isto não é nada em comparação a toda a Verdade. O plano de Deus é revelado ao homem apenas na dimensão em que pode ser compreendido.

Conforme a humanidade cresce em entendimento espiritual, haverá novas porções da Verdade à espera.

Não faz muita diferença se há crença em reencarnação ou não. No melhor dos casos, não vale a pena discutir sobre isso. Quando a consciência de vida eterna chega a uma pessoa, não lhe importa quantos corpos possa ter usado em seu progresso ao longo do caminho, ou quantos mais poderá ter de utilizar antes de passar para um plano superior. Ela não se preocupa muito com estas coisas, exceto como uma questão de especulação. Ela sabe que é, e sempre será.

Sente que cada momento é agora e vive. Sabe que não pode ser destruído ou aniquilado. Tem ciência de que a menor coisa no Universo é governada pela Lei Universal, que Deus está consciente da sua existência e é plenamente conhecedor de tudo o que lhe sucede. Sabe que não pode ser separado da totalidade, ou ser colocado para fora do Universo, esquecido ou ignorado. E sabendo disso, não se preocupa com o que está adiante. O que vier, deve ser bom.

Percebe que o Universo é muito grande, e que lá há muito espaço, e que o melhor lugar será onde ele estará. Tem ciência de que não pode escapar de seu próprio bem, não pode fugir de Deus. E conhecendo estas coisas, fica satisfeito. Vive, dia após dia, desfrutando da vida que está dentro de si e à sua volta.

Se o crescimento futuro se fará através de mais encarnações nesta terra, ou em outros mundos, ou se a Alma uma vez libertada dos laços da carne terrestre vai para outros planos de existência para ali crescer, não é fundamental... ou material. O Universo é grande, e talvez seja possível ter a oportunidade de visitar todas as suas partes durante nosso desenvolvimento.

E como parece que estamos em um plano de vida comparativamente baixo nesse momento, estamos apenas despertando a consciência para todo esse significado. No futuro teremos a clara percepção de nosso progresso e desenvolvimento.

Uma criança cresce e se desenvolve sem saber de nada disso. Depois torna-se autoconsciente e evolui em compreensão, e se recorda, pensa e tira conclusões. Pode ser que estejamos na fase infantil de desenvolvimento espiritual, apenas começando a "perceber".

A preocupação com a vida futura é uma coisa tão pouco rentável quanto o que se pensa para a próxima semana, ou mês ou ano seguinte. O homem evoluído considera tanto um quanto outro ridículo. Nenhum deles realiza qualquer bem. A verdadeira filosofia está em viver no presente. Não se preocupem com a vida futura. É melhor deixar isso nas mãos de Deus. Ele leva tudo em consideração, antevê todos os obstáculos, sabe de tudo sobre você e suas exigências. E é perfeitamente capaz de conduzir os assuntos do Universo sem quaisquer sugestões particulares suas.

As ideias do homem sobre o futuro mudam de tempos em tempos, conforme ele cresce. Algumas das velhas concepções eram muito simplistas e, às vezes, nossas melhores ideias parecem sem dúvida infantis às mentes dos seres que atingiram as fases superiores de existência. Que miúdos em compreensão devemos parecer a algumas dessas criaturas radiantes que já passaram há muito tempo ao longo do Caminho que estamos agora a percorrer, e chegaram ao estágio de humanidade espiritual.

Onde estão estes seres e o que é seu estado, não sei, mas sinto-me muito confiante de que eles existem, e que faz parte do plano de Deus permitir-lhes emprestar uma ajuda para os que se encontram em nossa fase de desenvolvimento.

Creio que a velha doutrina dos anjos e arcanjos se fundamentou na verdade, mas era uma forma imperfeita de expressão do homem para um fato do mundo espiritual que estava além da sua compreensão.

Em nossa presunção, imaginamos que Deus esgotou sua criatividade ao suprir a Terra com as formas que vemos à nossa volta, e que não existem outras modalidades de vida em nenhum lugar no Universo. Esta é uma ideia tão absurda como a anterior, ou seja, que esta pequena Terra, este grão de areia, era o centro do Universo e que o sol e a lua e as estrelas foram feitas para o benefício exclusivo de um certo habitante chamado Homem.

O ser humano abandonou essa ideia, mas ainda se agarra à noção igualmente absurda de que a Terra é o centro da vida espiritual, e que o Homem, como o conhecemos, é a criatura mais elevada e única a ter alma.

As pessoas verão mais tarde que o Universo de Deus é grande, e que este nosso mundo é muito pequeno em comparação com o todo, e esse Homem é apenas uma manifestação da Alma em uma fase particular de desenvolvimento.

Essas palavras podem parecer duras para alguns, mas serão gradualmente compreendidas. O Homem, o verdadeiro Homem, é um ser maravilhoso, mas em sua atual forma de expressão é uma criatura não desenvolvida, grosseira e primitiva.

Não tentei apresentar uma teoria da vida futura. Eu tenho as minhas próprias opiniões sobre o assunto, e dei-lhe aqui a entender quais são, mas não tenho nenhum desejo de lhe impor qualquer teoria especial.

Se você tiver uma proposta ou concepção que lhe dá conforto e satisfação, por todos os meios, agarre-se a ela. As hipóteses são de que fiquemos bem, mas que nenhum de nós esteja totalmente certo em suas concepções.

Eu não consigo ver como o Homem, em sua fase atual de desenvolvimento, possa tentar conceber os detalhes da existência futura.

Ele pode ver um pouco mais em meio à escuridão, mas não consegue enxergar mais do que uma ideia da verdade. Penso que quando despertar à consciência da vida eterna, quando se sentir seguro de que vive, não dará muita importância a teorias relativas aos detalhes ou arranjos da vida futura.

Sentir-se-á perfeitamente seguro ao confiar na Lei. Penso que Paulo, o místico, resumiu o assunto quando disse: "Somos todos filhos de Deus, mas o que nós seremos ainda não foi revelado".

O DESDOBRAMENTO

O desenvolvimento humano segundo as linhas do desdobramento – A força intrínseca – Uma força poderosa – Desenvolvendo-se e desabrochando como uma planta – A vida é crescimento interno – O divino paradoxo – Ação e reação – A urgência interna e os obstáculos externos, ambos em desenvolvimento – Relativos e Absolutos – O efeito ou produto final, ou definitivo, é a causa subjacente do desdobramento – O homem é o resultado e a causa – O ser humano atual aninha o homem superior do futuro – Os últimos serão os primeiros e os primeiros serão os últimos – O crescimento sempre é acompanhado de dor – A cooperação com a Lei torna o crescimento menos doloroso – É uma loucura se opor à evolução – Algo dentro de si está pressionando para se desenvolver.

O desenvolvimento do homem tem acontecido nas linhas de um desdobramento gradual da consciência. Chamo a atenção para o fato de eu falar de desdobramento em vez de aquisição, embora o processo de crescimento e desenvolvimento inclua tanto um quanto outro, vindo de dentro, e a aquisição, ou crescimento adquirido de fora.

Há algo interno que exerce um impulso constante rumo à evolução, e há um poder de atração que o direciona e se apropria do que é necessário do exterior.

Há em cada um de nós uma força poderosa pressionando por expressão e melhoramento rumo ao bem final, impulsionando-nos adiante, impelidos pelo impulso dado pela "causa sem causa", puxados para cima pelo Absoluto.

Como uma planta, somos instados a crescer lentamente, mas seguramente, de forma estável, a partir da semente para florescer, até que nossas potencialidades sejam plenamente expressadas.

Despertamos como o lírio, livre e firmemente, revelando folha após folha, até que a planta esteja com sua beleza completa, coroada com a flor divina.

Há no centro do nosso ser algo que dirige um forte impulso para a evolução e seguiremos estes clamores enquanto ainda houver dentro de nós um átomo de vida. A semente no solo se manifestará em seu pequeno rebento, muitas vezes com um peso mil vezes mais intenso do que o seu, nos esforços por alcançar os raios do sol.

A planta jovem pode ser curvada e confinada ao solo, mas seus ramos, seguindo as leis do seu ser, vão instintivamente se lançar para cima, movendo-se na linha de menor resistência, crescendo para a luz, apesar de todos os esforços contrários.

Tal qual a muda de uma planta, algo dentro de nós não nos permitirá a submissão às obrigações, não nos deixará nos conformarmos às falsas normas estabelecidas para nossa observância ocasional.

Ao se submeter ao tempo que for necessário, ele armazena a força de reserva diária, mantendo uma pressão contínua em direção a seu desejo, até que um dia, por um esforço supremo, lançará fora os obstáculos restritivos e, obedecendo às leis da sua natureza, mais uma vez crescerá para o sol.

A vida é crescimento. Ela se move, pressionando desta e daquela forma, de acordo com o caminho mais fácil, desenhando para si mesma o que precisa para hoje, para descartá-lo amanhã, depois de ter servido a sua finalidade, após terem sido extraídas as qualidades úteis.

Assume muitas formas durante sua evolução, descartando partes inúteis de tecido conforme é feita a costura da peça de roupa. Qualquer tentativa para obrigá-la a reter uma bainha que se tornou superada causará revolta à natureza da vida e, no final, com grande esforço, a costura arrebentará, rasgando o bom trabalho em fragmentos.

O espírito filosófico, considerando as grandes questões subjacentes à Vida, em breve é posto em contato com o que tem sido chamado de o Paradoxo Divino. Vê-se forçado a reconhecer aspectos aparentemente conflituosos da mesma questão. Encontra duas respostas igualmente satisfatórias à mesma pergunta, uma das quais serviria, não fosse a outra.

Este estado de coisas coloca o filósofo na posição de ser capaz de responder a qualquer grande pergunta relativamente com um "sim" ou um "não". E, no entanto, se o centro é reconhecido uma vez, o filósofo vê que não apenas nenhuma das respostas é estritamente correta (falando a partir da posição absoluta), mas que ambas, combinadas, dão a única abordagem a uma resposta certa. Uma pessoa é forçada a responder: "é e não é".

A explicação é parcialmente compreendida quando nos lembra que nenhuma verdade absoluta pode ser transmitida em termos relativos. Este Paradoxo Divino confronta os novatos que entram no Caminho. Não o deixe assustá-lo. É só terrível em aparência; quando bem conhecido, é um amigo e um ajudante.

Tal Paradoxo Divino confronta-nos quando pensamos na questão do crescimento, do desenvolvimento e do desdobramento do ser humano. Um conjunto de pensadores argumentará que o homem cresce e só se desenvolve por causas externas a ele. Que é uma criatura da hereditariedade, do ambiente, das circunstâncias. Outra escola ensinará que seu crescimento se dá inteiramente a partir do íntimo, e que as causas externas não têm qualquer efeito sobre ele.

Ambos o confrontarão com argumentos esplêndidos, ilustrações marcantes e, por um momento, você estará quase convencido, até que o outro lado da questão lhe ocorrerá. Então, será tomado por contradições e, a menos que reconheça o Divino Paradoxo, será finalmente forçado a dizer: "eu não sei".

Há duas causas gerais que operam no desenvolvimento do ego, uma interna e outra externa. São, a partir da posição relativa, conflituosas; mas na visão absoluta, uma só. Nenhuma destas causas relativas determina ou controla o desenvolvimento do homem.

Existe um jogo ou reação constante destas duas forças. O impulso interno se reúne com inúmeros obstáculos, impedimentos, barreiras e obstruções que, aparentemente, desviam o ego do caminho traçado para ele pelo poder interior. E, no entanto, a força interior o estimula adiante e o ultrapassa, supera, sobe, mina, ou o desvia do obstáculo externo.

Pode, à primeira vista, parecer a velha proposta de "a força irresistível que entra em contato com o corpo imóvel", que está além da compreensão da mente humana, mas a comparação não é exata, porque enquanto as duas forças jogam continuamente uma contra a outra, o impulso interior modificado pelos obstáculos externos é no final vitorioso, e a planta da vida ergue-se em direção ao sol.

O poderoso rio em seu caminho para o oceano foi forçado a mudar de trajeto e esse caminho forçado, dobrando-se aqui e ali, encontrou no final o oceano, e a água do rio chegou finalmente a sua casa.

Gostaria de dizer que minha filosofia me ensina que na análise final a força interna e o obstáculo oposto serão vistos apenas como diferentes manifestações de uma coisa, e que na aparente falta de harmonia encontra-se a maneira mais elevada de equilíbrio.

Ao falar de aspectos relativos, é preciso usar "termos" relativos para garantir a boa compreensão. De fato, se alguém quisesse falar apenas a partir da posição absoluta, não encontraria palavras para se expressar e seria forçado a permanecer mudo. Eu digo isto agora, para que não possa ser mal interpretado mais tarde.

Com a finalidade de entregar minha mensagem, assumo que essa força interior, incitando ao desdobramento, é fator primordial ao avanço do homem, e que as forças externas atuantes na força interior estão na natureza dos obstáculos.

Confio, no entanto, antes de terminarmos um com o outro, que você conseguiu ver que ambas são vitais para o desenvolvimento do homem.

Uma característica deste processo de desdobramento que deve ser lembrada é que o efeito final, ou produto, é praticamente a causa subjacente do desdobramento em si. A flor ou o fruto que pede expressão causa uma semente para brotar, a planta a cultivar, um talo a lançar folhas e cumprir todas as leis do seu crescimento. O carvalho potencial dentro de uma semente, ávida de expressão, é a causa de todo o crescimento e desenvolvimento da árvore.

Na forma mais rudimentar de vida estava o homem potencial, urgindo por se desenvolver ao longo de milhões de anos. O homem, o "efeito", foi o homem, a "causa".

O último a aparecer, em questão de tempo, foi o primeiro em termos de causa. E no homem de hoje aninha-se o potencial do "homem superior do futuro", e talvez para além dele em seres de ordem ascendente tão superior ao homem como ele é à mais baixa forma de vida conhecida pela ciência. Na verdade, "o primeiro será o último, e o último será o primeiro", em mais sentidos do que o imaginado.

Uma planta ou flor em crescimento impressiona por sua facilidade e naturalidade em crescer, sem esforço ou dor. Podemos nos perguntar por que razão esse processo não é realizado nas formas superiores de vida. Perguntamo-nos por que o Homem não pode desenvolver seu ego da mesma forma, sem todas as dores de crescimento, de luta e de esforço.

Infelizmente, somos cegos. Poderíamos apenas olhar para a planta através de um microscópio grande e potente e veríamos ali uma contínua demolição e construção, esforço, rasgando e descartando, substituindo e desprezando. Mudança, mudança sempre.

Mas a planta, fiel aos instintos da natureza, não se opõe desnecessariamente às leis do seu crescimento, e a dor é reduzida a um mínimo, e pode mesmo proporcionar uma certa sensação de prazer (pois a dor e o prazer não estão tão distantes).

O homem, entretanto, parece se opor a cada passo da evolução e agarrar-se a cada etapa, temendo a mudança, prolongando e intensificando a dor. Pobre homem... mas ele está aprendendo.

Teremos mais a dizer sobre esse processo de evolução em outras partes deste livro, então deixaremos o assunto para depois, a fim de assumirmos as diferentes formas do desdobramento do homem.

Levem isto em sua mente, no entanto. Há algo aí dentro, pressionando para o desenvolvimento e desdobramento. Algo é o que, no final, aparece como a flor divina em nossa planta da vida. Não é estranho para nós, uma coisa externa, mas é o "eu superior" que um dia será o que queremos dizer quando falamos "eu".

No momento o "eu" é a nossa consciência da mais alta fase do nosso desenvolvimento. O seu "eu" atual está longe de ser o seu "eu" de dez anos atrás, e do seu "eu" de dez anos a partir de agora.

E quando nos damos conta de que este processo deve ser continuado ao longo dos tempos, nosso poder de raciocínio falha. Não conseguimos compreender esta verdade maravilhosa, plena de tantas possibilidades.

A EVOLUÇÃO DA CONSCIÊNCIA

A consciência nos animais inferiores – Mera sensação a princípio, quase automática depois – Crescimento – Formas inferiores de consciência – O desenvolvimento da autoconsciência – Definição de consciência simples e autoconsciência – O primeiro conceito do "eu" – "Eu" no plano físico – Uma felicidade animal – Todos os seus problemas diante de si – O plano mental – "Eu" como intelecto – Adorando o intelecto como Deus – Diferentes formas de desenvolvimento mental – Desenvolvimento psíquico – O sofrimento humano começa quando ele alcança o plano mental de desenvolvimento – Insatisfação e ansiedade – Cercado por todos os lados – O eterno "por quê?" – Não há resposta para as exigências do intelecto – A única escapatória possível.

É importante compreender como acontece o crescimento e o desenvolvimento da consciência no homem e o desdobramento da consciência do "eu" dentro dele.

Na ordem inferior dos animais, há uma quantidade muito pequena do que chamamos de consciência. Nas formas menos evoluídas, é pouco mais do que mera sensação. O subconsciente está no plano ascendente, e nas mais grosseiras, as superiores restantes estão adormecidas e subdesenvolvidas.

A vida nas formas inferiores é quase automática. No mundo mineral parece não haver vida alguma, por isso o princípio de existência está quase completamente abafado na matéria.

E, no entanto, os ocultistas nos dizem que mesmo no mundo mineral há a primeira tênue indicação de vida, e alguns dos mais avançados cientistas começam a reconhecer que a matéria não é completamente morta, que não há nada absolutamente morto na Natureza, que a inteligência é apenas uma questão de grau e que o mineral segue sua lei de vida.

Há na Natureza uma tendência instintiva dos organismos vivos de realizarem certas ações, uma propensão a um ser procurar aquilo que satisfaça as necessidades de sua fisiologia. É uma forma simples de esforço mental, aparentemente ao longo de linhas subconscientes.

Na vida vegetal, esta tendência é claramente discernível, variando desde as exposições menores nos tipos inferiores, às maiores nos exemplares superiores. É disso que se fala frequentemente como "força vital" nas plantas. Em algumas das manifestações mais elevadas de vida das plantas, no entanto, parece haver uma cor tênue de expressão independentemente da ação, uma leve indicação de consciência, uma sutil exposição de esforço consciente.

No reino animal inferior, vemos um nível muito maior de consciência, variando em grau nas várias famílias e espécies, das formas quase vegetais dos animais inferiores às de quase inteligência humana nas expressões mais desenvolvidas.

O grau de consciência na mais elevada demonstração dos chamados "animais inferiores" quase se aproxima da mais baixa forma da raça humana, e certamente atinge a da criança pequena.

Antes do nascimento, o ser humano mostra em seu corpo as fases de evolução; o mesmo acontece com uma criança, antes e depois do nascimento, até a maturidade; manifesta as etapas da evolução mental da raça humana.

À medida que o homem progrediu no desenvolvimento e desdobramento, ele começou a manifestar as primeiras indicações do que é conhecida como autoconsciência, que é mais elevada na escala do que a simples consciência.

É muito difícil de transmitir a ideia da consciência em suas diferentes formas. De fato, muitos escritores na área de psicologia afirmam que, estritamente falando, essa definição é impossível.

Para descrever uma coisa, é necessário compará-la com outra e, como não há mais nada na natureza como a consciência, não há base para isso.

Na minha opinião, a melhor ideia de consciência é transmitida pelas palavras " percepção" e "entendimento".

A consciência simples é uma noção das coisas externas... de outros fatos que não o "eu" interior. A autoconsciência é um entendimento do "eu interior", resultado de voltar o olhar mental para dentro.

A grande maioria das pessoas quase não sabe o que é autoconsciência. Tem o hábito de levar a vida adiante sem achar necessária uma reflexão mais apurada sobre as próprias atitudes. Por outro lado, alguns tornam-se morbidamente conscientes de si próprios, e têm dificuldade de tirar o olhar de si mesmos. É o velho princípio do exterior e interior, que se manifesta de tantas formas.

Com o advento da autoconsciência, chegou ao homem uma concepção do "eu". Até então, ele nunca tinha formado esse conceito mental.

No início o conceito era confuso e obscuro. Ele começou a se comparar a outros de sua espécie. Passou a reparar em si, a fazer deduções cujos resultados aplicou aos demais. O conceito do "eu" começou a evoluir.

Vamos por ora deixar de lado o homem primitivo, em quem a realização do "eu" começou a desabrochar, e voltemos ao ser humano de hoje. Um pequeno pensamento mostrará que cada um de nós tem um "eu" em uma fase diferente de desenvolvimento. Pensamos em nós próprios de formas variadas.

Muitos olham para si apenas no plano físico. Entendem o "eu" como um ser físico, tendo uma cabeça, corpo, membros e órgãos que vão do cérebro ao fígado. Para essa pessoa, nesse estágio, o corpo é o verdadeiro "eu", e a mente, mais um apêndice mal compreendido do corpo, apenas alguma coisa necessária.

Essa pessoa fala da "minha mente" ou "minha alma" como coisas que lhe pertencem (ao corpo) e que usa, mas que não são ela. "A minha mente" ou "minha alma" são apenas como "meu chapéu", "meu casaco", "meus sapatos", alguma coisa anexada ou utilizada, mas não "eu". O "eu" está no plano físico sozinho, a parte mais alta do homem é o seu "não eu", tal como o são os objetos que ele usa.

O homem no plano físico vive a vida material. Come, bebe, dorme e realiza outros atos fáceis e agradáveis para ele. Encontra seu único prazer no físico e não conhece nada mais. Suas emoções e paixões são pouco mais além do bruto e não consegue compreender outro homem que evoluiu para além desta fase.

É claro que não podemos culpá-lo ou condená-lo, pois ele só pode ver o que é, e se estivéssemos em sua fase de desenvolvimento, faríamos exatamente o mesmo. É uma fase necessária de desenvolvimento, pela qual cada um já passou, ou está vivenciando. É o estágio infantil.

Essa pessoa é como um urso jovem; todos os seus problemas estão à sua frente. A única dor que reconhece é a do corpo, ou o que é o seu equivalente ou uma privação daquilo que gratificaria sua natureza sensual. Não percebe que sua vida não é a mais evoluída, e sente pena ou desprezo por aqueles que encontram satisfação em outros temas. Desfruta de uma espécie de felicidade animal e parece ser uma pena que tenha de ser acordado para enfrentar a dor da fase seguinte. Mas a vida é inexorável; a criança deve crescer, apesar da dor; sim, por meio da dor.

Alguns de nós saímos da fase física de consciência para a etapa mental. Para quem alcançou este plano, o "eu" é retratado como intelecto ou mente, exercendo controle sobre o corpo e os órgãos, e tendo sua morada no cérebro ou cérebros do ser humano. Faz muito pouca diferença se estas pessoas pensam na mente como o materialista, a substância desenvolvida ou secretada pelo cérebro; ou se a consideram algo intangível que se manifesta através do cérebro.

Qualquer das opiniões é uma questão de palpite intelectual. E sentem o mesmo em qualquer dos casos; sua imagem do "eu" é a mesma: têm a sensação de que o centro da sua consciência está no intelecto. A um tal homem o intelecto parece ser o verdadeiro eu. Na verdade, ele pode até chegar ao ponto em que se curvará ao seu intelecto para adorá-lo como a um Deus.

Apercebe-se dos maravilhosos poderes da mente, e começa a cultivá-los e a desenvolvê-los (tudo isto é uma parte muito necessária do crescimento) e muitas vezes atinge resultados pouco animadores.

Alguns seguirão o caminho da abstração intelectual pura; outros ampliarão o poder criativo e o manifestarão em invenções maravilhosas e grandes descobertas, etc.; outros desenvolverão a Imaginação e se tornarão poetas, escritores, artistas; outros combinarão qualidades operativas e imaginativas, e serão "líderes em indústrias", etc.

Cada um seguirá a linha de menor resistência e se desenvolverá em frentes que se revelem mais atrativas, mas o seu "eu" será sempre a mente. Alguns percorrerão certos caminhos de desenvolvimento psíquico, que é apenas uma forma de manifestação do plano mental.

O poder psíquico é por muitos considerado idêntico ao espiritual, mas está realmente no plano mental da consciência, embora a forma superior do psíquico esteja disponível apenas para aqueles que atingiram um certo estágio de desenvolvimento espiritual.

Os padrões inferiores de poder psíquico podem ser adquiridos por aqueles que trabalham a mente segundo certas linhas, e pertencem estritamente ao plano mental, embora aparentemente muito afastado do desenvolvimento mental normal. As formas superiores de poder psíquico podem ser alcançadas apenas por aqueles que atingiram uma determinada fase de desdobramento espiritual.

Para os homens no plano mental, a "mente" é tudo. Eles percebem o seu domínio sobre o corpo; estão conscientes da maravilhosa influência da mente sobre o corpo e de seu controle em particular sobre os corpos dos outros e a mente alheia. Para eles, a "mente" é idêntica ao Espírito. Estão conscientes do belo funcionamento da mente, e de nada superior a isso.

Para alguns deles, a morte parece acabar com tudo; sua crença é de que tudo acaba com o cérebro. Outros sentem, de alguma forma, que seu intelecto manterá a existência, mas é apenas uma crença ou esperança, com base nas palavras ou opiniões de outros que reclamaram autoridade para falar. Mas eles não têm consciência da vida eterna, nenhuma percepção do "eu real" que sabe ser eterno.

Quando uma pessoa entra plenamente no plano mental de consciência, começam seus problemas. Fica insatisfeita. Sente novos anseios, que se esforça por acalmar. Tolstói[23] disse deste estado: "Assim que a parte mental de uma pessoa toma o controle, novos mundos são abertos, e os desejos são multiplicados mil vezes. Tornam-se tão numerosos como os raios de um círculo, e a mente, com cuidado e ansiedade, estabelece-se em primeiro lugar para cultivar e depois gratificar estes desejos, pensando que a felicidade se encontra nessa direção".

E embora a fase mental traga sua própria alegria, contém suas próprias dores e tristezas.

O homem vê-se rodeado em todos os quadrantes pelos limites do intelecto e grita: "Por quê?" E não encontra resposta no quarto recluso da inteligência. Segue adiante, aceitando coisas só porque outra pessoa as disse, e exige um retorno das suas faculdades de raciocínio, mas descobre que, passado algum tempo, está sendo levado para uma viagem desgastante e se vê muito distante de onde gostaria de estar.

Quanto mais avança por estradas puramente intelectuais, mais infelicidade a ele se abre. Quanto mais sofre, mais sabe. E, no entanto, o intelecto é a melhor ferramenta com que o Espírito trabalha. Quando se atinge as etapas superiores da consciência, entra-se no reino da consciência espiritual e se tem grande prazer em empunhar a arma polida do raciocínio, não do modo antigo, mas como um instrumento valioso nas mãos do Espírito.

A única fuga possível do homem à dor do plano mental é através do canal do desabrochar espiritual, do melhoramento da consciência pelas trilhas espirituais, o virar da luz da consciência para o campo até agora inexplorado das faculdades espirituais. Só neste lugar está a paz.

No próximo capítulo falarei sobre o desabrochar espiritual.

---

[23] Liev Tolstói (1828-1910) é um dos gigantes da literatura russa. (N.T.)

O DESPERTAR DA ALMA

O Peregrino no Caminho – O caminho entre as colinas – Uma estrada desconhecida – Um passo por vez – Uma terra estranha – Sem pontos de referência – Uma parada e um ponto de observação – Uma vista esplendorosa – O despertar da consciência espiritual – O conhecer de quem "eu sou" – Consciência da imortalidade – Consciência de seu lugar no Universo – Reconhecimento da relação de uma pessoa com outras partes do todo – A fronteira do conhecimento cósmico – Uma minúscula gota de espírito do grande espírito do oceano – Reconhecimento da presença universal – Vendo as coisas como são – O sol de Deus e seu amor, concedido a todos – A "Ovelha Perdida"[24], agora compreendida – Percorrendo o caminho – O despertar da alma – Alegria! Alegria! Alegria! – A canção da alma.

O homem progrediu ao longo das linhas de desdobramento, crescimento e desenvolvimento, viajando, por sua vez, através das etapas do plano físico, depois para o grande e amplo plano mental em todas as suas variadas fases.

---

[24] A "Parábola da Ovelha Perdida" é uma das parábolas de Jesus e aparece em dois dos evangelhos sinóticos do Novo Testamento, bem como no apócrifo Evangelho de Tomé. De acordo com Mateus 18:10-14 e Lucas 15:1-7, um pastor deixa seu rebanho a fim de encontrar uma ovelha que se perdeu. Esta parábola é a primeira de uma trilogia sobre a redenção que Jesus conta após os fariseus e os líderes religiosos terem-No acusado de receber e fazer suas refeições com "pecadores". (N.T.)

A partir do plano físico, o qual, comparativamente, não requeria cuidados, ele passou para o plano mental com todas as suas preocupações, dúvidas, lutas, agnosticismo, negações, anseios, insatisfações, infelicidades.

Finalmente ele vê um novo caminho que serpenteia as colinas, e embora não saiba para onde conduz, ele, em desespero, procura percorrê-lo, esperando, quase contra a esperança, que o possa levar à terra prometida de paz.

Então viaja. Nota as pegadas dos que o antecederam, mas percebe que foram poucas. Sente-se duvidoso, pois em vez de ser capaz de visualizar para onde a estrada o leva, descobre que o caminho é sinuoso, e mal consegue ver mais do que alguns passos à frente.

No entanto, levado por um desejo que mal compreende, dá os poucos passos com fé no coração. Tendo-os percorrido, sobe as colinas e outros horizontes se abrem diante dele. Lembra-se das palavras do antigo e familiar hino:

Não peço para ver a cena distante;
Um passo é suficiente para mim. Conduz-me a Ti.

Logo se torna consciente de ter entrado em uma terra nova e desconhecida. Atravessou as fronteiras de um novo país. Mas encontra-se em território estranho; não há pontos de referência familiares, nada reconhece. Percebe a grande distância entre ele e os amigos que deixara ao pé da colina. Então grita para que o sigam, mas os outros mal conseguem ouvi-lo, e parecem temer por sua segurança. Eles acenam com os braços e fazem sinais com as mãos para que retorne.

Os amigos temem segui-lo, e se desesperam. Mas ele parece estar com coragem renovada e com um estranho impulso que o incita a continuar mais e mais.

Por quanto tempo continua caminhando, nem sabe mais dizer, mas uma alegria feroz apodera-se dele e o faz prosseguir. Após um trecho particularmente difícil do trajeto, chega a uma curva do caminho e dá um passo à frente rumo a um pedaço amplo de terreno plano, que lhe dá vontade de descansar. Reconhece-o como um local de paragem e descobre que tem uma vista maravilhosa.

De um lado pode ver os que se encontram nas planícies abaixo, esforçando-se de uma forma lamentável, procurando progredir. Olha para trás e observa em vários caminhos homens e mulheres lutando, e instintivamente sente e percebe que procuram o trajeto que seguiu.

Em outra perspectiva ele vê um belo, novo país, uma terra de sol e luminosidade. Avista, ao longe, grupos de pessoas percorrendo os caminhos mais altos e adiantados da viagem e, bem distante, o som das suas vozes o alcança. Estão cantando alegremente.

Sente então, pela primeira vez, quem é seu verdadeiro "eu". Reconhece tanto o corpo como a mente como instrumentos e servos úteis. Servos. Mas tem um reconhecimento distinto do "eu", à parte dessas ferramentas, utilizando-os.

Torna-se consciente da própria existência, de sempre ter existido, de existir agora e ser destinado à existência eterna. Não raciocina sobre estas coisas, mas as conhece, tal como antes tinha sentido que existiam, em qualquer momento em particular.

O "eu sou" assumiu um novo significado; parece ter crescido, embora saiba que não cresceu realmente, mas que, pela primeira vez, ele chegou a uma fase de consciência capaz de reconhecer a si mesmo, tal como é.

Sabe que percorreu um longo caminho que o conduziu a sua posição atual, e que tem uma longa viagem pela frente. Mas, a partir de agora, viajará conscientemente, e não às cegas.

Olha para baixo e vê outros cobertos com a lama e o pó da estrada, viajando no plano inferior. Sabendo que também percorreu os mesmos caminhos, não os condena para a lama e o pó. Partilhou de sua viagem, com todo o desconforto e sujidade.

Sabe que está na zona fronteiriça do "conhecimento cósmico". Para além das regiões que está para conhecer, que prometem ser de uma beleza indizível, percebe que infinitas fases de existência se abrem à visão.

A Alma, quando chega a essa etapa, desperta e vê-se como é, em toda a sua beleza, com todas as maravilhosas possibilidades. Experimenta um grande prazer em existir, no "agora".

Sente-se como uma parte de todo o Universo, sabe que o Universo é seu lar.

Sabe ser uma pequena gota de Espírito do grande Espírito do oceano, um raio do sol supremo, uma partícula do Ser Divino, enclausurada em um corpo material, utilizando esse corpo e alguma coisa chamada "mente" para se manifestar.

Não se preocupa com o passado nem com o futuro. Percebe o que é e sempre será, e portanto vive no "agora". Sabe que não pode ser ferida ou destruída, que existe de acordo com a Lei, a Lei é boa.

Não procura qualquer explicação, sabendo que à medida que o tempo chegar, progredirá através da matéria, descartando os tecidos extras em seu desdobramento, alcançando maiores graus de conhecimento.

Reconhece a existência da Presença Universal e toma consciência de Deus e de sua proximidade. Nota pela primeira vez a realidade daquilo de que tanto falara antes, mas nunca com compreensão: a onipresença, onipotência e omnisciência de Deus. E vendo e conhecendo essas coisas, vê sua unicidade.

Sabe que progresso para um significa progresso para todos...

Que nenhuma parte do "todo" está separada do "todo", ou de qualquer parte do "todo". Vê estas coisas e fica espantada.

Vendo essas coisas, os sentimentos da vida antiga, ódio, medo, inveja, ciúmes, malícia, tudo se vai. Não pode desprezar ou condenar.

Vê ignorância em vez do mal. Separação e egoísmo, onde antes via o pecado. Encontra-se possuída apenas por um sentimento em relação à humanidade e a todo o mundo: o amor.

Amor pela criatura mais baixa que existe, pelo homem mais vil, pela mulher mais degradada, pois sabe que mesmo estes não podem ser deixados de fora do grande esquema da vida, e que mesmo estes não podem escapar ao seu bem, eventualmente.

E sente sua relação e ligação com todos os seres vivos; sabe que estão inseparavelmente ligados e sabe que o que é bom para um é para o bem de todos, e que o que prejudica a um, prejudica a todos.

Vê que o amor de Deus se estende a todos, não importa o quão atrasados no "caminho" possam estar. Sente que o amor de Deus é como o sol de Deus, concedido a todos igualmente, santos e pecadores.

Nota que não há criatura viva tão humilde, ou assim afundada na lama da ignorância de quem Deus não se recorde e esteja pronto e ansioso por ajudar. Mais cedo ou mais tarde a mão amiga será agarrada pelo desafortunado e ele será levantado.

Percebe pela primeira vez o significado da parábola "A Ovelha Perdida" e suspira, pensando no pouco que tinha compreendido de seu conteúdo, na vida antiga.

Vê a morte e a vida como uma só. Morte como nascimento.

Perde todo o medo da morte, conhecendo-a tal qual é.

Enxerga por detrás da hedionda máscara da morte o belo rosto da radiante criatura, vida.

Estas e outras experiências chegam à Alma quando ela desperta. E as surpresas se sucedem, pois novas visões chegam continuamente, e seus olhos tornam-se mais claros a cada momento.

A vida ganha um novo significado quando se chega às fronteiras da consciência espiritual, e se dá alguns passos para além desses limites. As palavras não podem transmitir o que precisa ser experimentado para ser compreendido.

Talvez você esteja ao pé da colina, no início do caminho estreito. Só pode ver o primeiro passo, mas siga adiante. Não importam os passos seguintes; poderão ser vistos quando você estiver pronto para eles.

Avance corajosamente e não olhe para trás. O caminho é estreito e sinuoso, mas tem sido pisado pelos eleitos de todas as épocas, e muitos estão agora prontos para trilhar.

Você poderá achar necessário colocar de lado muitas coisas inúteis que agora leva consigo... mas às quais estava se agarrando como se fossem preciosidades. Preconceitos, estreiteza de pensamento, desentendimentos, inveja, sentimentos de superioridade em relação aos seus irmãos, falta de caridade para com os outros, condenação, intolerância, costuras malfeitas desgastadas pelo fanatismo que atingiram o período de descarte de ideias ultrapassadas. Mofo, heranças do passado, autorrevelações, estas e outras coisas inúteis impedirão seu progresso e serão postas de lado uma a uma à medida que avança no caminho. Coisas que você tem carregado por aí e sobre as quais nutre muito orgulho serão vistas como piores que inúteis, e serão abandonadas, embora a princípio com dor.

Serão arrancadas de você pelas pedras e espinhos da estrada, ou descartadas por serem demasiadamente pesadas para os ombros para serem carregadas. Sim, e depois que você tiver atingido as fases mais elevadas da viagem, terá prazer em se desfazer de toda a roupa com que tentou cobrir o espírito e, por fim, deixar a Alma nua, linda e sem nenhuma vergonha.

Veja! A luz está pousando nas colinas, e os raios do sol nascente penetraram no ambiente e brilham plenos em seu rosto. Você se mexe para afastar o sono pesado; sente a sonolência do estado de vigília.

Abra os olhos. Hoje grandes acontecimentos estarão diante de você. Erga-se da cama, vá até a janela e deixe que a brilhante doação de saúde dos raios do sol caia sobre seu corpo. Tudo lhe parece belo. A vida vale a pena. As visões hediondas da noite se foram. Você está finalmente desperto e sorridente.

E já ouve a voz da Alma cantando: "Alegria! Alegria! Alegria!"

É hora do despertar da Alma.